금전공탁서(변제·재판상 보증·형사사건용 등)실무지침서

처음부터 끝까지 공탁서 작성하는법

편저 : 대한법률콘텐츠연구회

(콘텐츠 제공)

해설 · 최신서식

법문북스

머리말

공탁은 공탁자가 법령에 따라 금전·유가증권·기타 물품을 공탁소에 맡기고 일정한 자가 그 공탁물을 수령하도록 함으로써 법령에서 정한 일정한 목적을 달성하게 하는 제도입니다. 공탁은 반드시 법령에 근거하여야 하는데 이러한 공탁근거 법령의 조항은 공탁서의 필수적 기재사항이 됩니다.

공탁은 또한 그 근거법령에 따라 달성하고자 하는 목적이 달라지는데, 예를 들면 민법 제487조는 채무변제의, 민사집행법 제280조는 보증의 목적이 있습니다.

공탁절차는 법령으로서의 공탁 법(이하'법'이라 합니다)은 법령에 따라 행하는 공탁의 절차와 공탁물을 효율적으로 관리하고 운용하기 위한 사항을 정하고 있으며, 공탁규칙(이하 '규칙'이라 합니다)은 공탁법의 시행세칙으로서 구체적인 공탁절차를 규정하고 있습니다.

그 외 공탁금의 이자에 관한 규칙과 민법 제488조 제2항 등의 특별규정이 있습니다.

공탁은 공탁의 목적물인 금전·유가증권·기타 물품을 맡기는 공탁자와 공탁자에 의해 공탁물을 수령할 자로 지정된 자 또는 공탁 본래의 목적에 따라 자기 이름으로 공탁물을 수령할 자인 피공탁자가 당사자가 됩니다.

공탁소는 공탁절차를 주재하고 공탁물을 보관하는 공탁사무의 관장기관으로서 지방법원장이나 지방법원 지원장이 지정한 공탁관이 단독제 국가기관인 공탁소가 되어 실질적인 공탁업무를 수행합니다.

그러므로 공탁은 공탁관이 공탁소가 되어 공탁자의 신청에 의해 공탁물을 받아 보관·관리하고 피공탁자 또는 공탁자의 지급청구에 의하여 공탁물을 지급하는 구조로 되어있습니다.

공탁은 아래와 같이 분류되는 데 일상생활에서 흔히 발생하는 변제공탁은 금전 기타 재산의 급부를 목적으로 하는 채무를 부담하는 채무자가 채권자 측에 존재하는 일정한 사유로 인하여 변제를 할 수 없거나 채무자의 과실 없이채권자가 누구인지를 알 수 없어 변제를 할 수 없는 사정이 있는 경우에 채무의 목적물을 공탁함으로써 채무를 면할 수 있도록 하는 제도를 말합니다.

민법 제488조 제1항에 따르면 변제공탁은 채무이행지의 공탁소에 하여야 합니다.

채무이행지는 채무가 현실적으로 이행되어야 할 장소를 말합니다.

일차적으로는 당사자의 의사표시 또는 채무의 성질에 의해 정해지나 각 법률에서 의무이행지에 관해 특별히 규정하고 있는 경우에는 그 법률의 규정에서 정한 장소가 채무이행지입니다.

담보공탁은 기존 또는 장래 피공탁자에게 발생할 손해배상채권을 담보하기 위한 공탁으로서 기능상 재판상 담보공탁, 영업보증공탁, 납세담보공탁으로 나누어 볼 수 있습니다. 공탁자는 원칙적으로 법령상 담보제공의 의무를 지는 자이고, 피공탁자는 공탁물에 대하여 법정의 담보권 또는 우선변제권을 취득할 자입니다.

담보액과 담보제공기간은 법원이 직권으로 정하며 금전 또는 법원이 인정하는 유가증권을 공탁하거나 대법원 규칙이 정하는 바에 따라 지급보증위탁계약을 맺은 문서를 제출하는 방법에 의합니다(민사소송법 제122조, 민사집행법 제19조 제3항).

관할은 특별한 제한규정이 없으나 담보제공명령을 발한 법원 소재지 공탁소에 공탁하는 것이 바람직합니다(행정예규 제952호). 민사소송법은 담보권리자는 담보물에 대하여 질권자와 동일한 권리가 있다고 규정하고 있고(민사소송법 제123조), 민사집행법은 이를 준용하고 있습니다(민사집행법 제19조).

집행공탁은 강제집행 또는 보전처분절차에서 일정한 경우에 집행기관이나 집행당사자 또는 제3채무자가 민사집행법상의 권리·의무로서 집행목적물을 공탁소에 공탁하여 그 목적물의 관리와 집행법원의 지급위탁에 의한 집행당사자에의 교부를 공탁절차에 따라 행하게 하는 제도입니다.

집행공탁의 종류로는 압류채권의 ①제3채무자가 채무를 면하기 위해 채무액을 공탁하는 경우(민사집행법 제248조 제1항), ②추심채권자의 추심금 공탁의 경우(동법제236조 제2항), ③담임법원사무관등이 부동산 등 경매절차에서 즉시 배당할 수 없는 경우에 배당액을 공탁하는 경우(동법 제160조), ④채무자가 보전집행의 정지·취소를 위해 목적물을 갈음하는 금전을 공탁하는 경우(동법 제282조, 제299조), ⑤집행관이 매각대금으로 채권자를 모두 만족시키지 못하거나 배당협의가 불성립한 경우 또는 여러 채권자를 위하여 동시에 금전을 압류한 경우에 매각대금을 공탁하는 경우(동법 제222조 제1항 및 제2항), ⑥집행관이 가압류한 금전을 공탁하거나 가압류물을 매각하여 매각대금을 공탁하는 경우(동법 제296조 제4항 및 제5항) 등이 대표적입니다.

보관공탁은 목적물 그 자체의 보관·관리를 위한 공탁으로 다른 공탁과는 달리 목적이 없고 피공탁자가 원시적으로 존재하지 아니하므로 공탁물출급청구권이 없습니다.

몰취공탁은 일정한 사유가 발생했을 때 공탁물을 몰취함으로써 소명에 갈음하는 선서 등의 진실성 또는 상호가등기제도의 적절한 운용 등을 간접적으로 담보하는 기능을 수행합니다.

민법상 공탁통지의 의무는 변제공탁을 하는 공탁자에게 있습니다(민법 제488조 제3항). 그럼에도 규칙 제29조에서 공탁관이 공탁통지서를 발송하는 의무를 규정한 것은 공탁통지를 보다 확실하게 할 수 있도록 하기 위함이라고 합니다. 공탁통지를 확실하게 하기 위하여 공탁관에게 공탁자를 대신하여 공탁통지를 하게 하였음에도 선례는 공탁관에 의한 공탁통지는 공탁관이 공탁자가 제출한 공탁통지서를 공탁자를 위하여 발송하여 주는 것에 불과하다(선례 제1-67, 제2-63호)고 봅니다.

결국 공탁자에 의한 공탁통지를 신뢰할 수 없으므로 공탁관에 의해 공탁통지를 발송하게 하는 것인데, 이러한 규정은 공탁통지 발송 사실의 신뢰는 높일 수 있으나 송달률을 높이기는 어렵습니다. 공탁신청과 공탁물지급신청 심사가 공탁관의 주 업무이고 일반 소송절차처럼 직권에 의한 송달이 아닌 상황에서, 현금의 출급과 직접적인 관련이 있어 고도의 집중력을 요하는 업무를 담당하는 공탁관에게 공탁통지 발송의 도달률을 적극적으로 높이기를 기대하는 것은 무리라고 할 수 있기 때문입니다.

한편「공탁통지서가 반송된 경우의 업무처리지침」(행정예규 제978호)은 공탁자가 제출한 공탁통지에 대한 공탁통지서가 반송된 경우 피공탁자의 전화번호가 기재되어 있다면 전화에 의한 반송사실을 안내해주어야 하는 것으로 규정하고 있습니다. 또한 공탁통지서가 주소불명으로 공탁소에 반송된 경우에 공탁자는 피공탁자의 주소에 대한 공탁서의 정정을 신청할 수 있고(규칙 제30조 제6항), 폐문부재 등의 사유로 공탁통지서가 반송된 경우에도 재발송을 신청할 수 있습니다.

우리 법문북스에서는 본서만 가지고 얼마든지 공탁서의 기본 정보는 물론이고 혼자서도 충분히 공탁서를 작성해 직접 처리할 수 있도록 하였기 때문에 법적으로 스스로 대비하고, 즉각적으로 공탁을 이용해 바로 해결할 수 있으므로 법을 잘 알지 못하더라도 실제 있었던 사례를 중심으로 자세히 분석하고 이에 알맞은 처리방법을 수록한 실무지침서를 적극 권장하고 싶습니다.

대한법률콘텐츠연구회

차례

제8장 형사사건 공탁방법 ·· 75

본문

제1장 공탁제도

공탁은 공탁자가 법령에 따라 금전·유가증권·기타 물품을 공탁소에 맡기고 일정한 자가 공탁물을 수령하도록 함으로써 법령에서 정한 일정한 목적을 달성하게 하는 제도입니다. 공탁은 반드시 법령에 근거하여야 하는데 이러한 공탁근거 법령의 조항은 공탁서의 필수적 기재사항이 됩니다. 공탁은 또한 그 근거법령에 따라 달성하고자 하는 목적이 달라지는데, 예를 들면 민법 제487조는 채무변제의, 민사집행법 제280조는 보증의 목적이 있습니다.

공탁절차 법령으로서의 공탁법(이하'법'이라 합니다)은 법령에 따라 행하는 공탁의 절차와 공탁물을 효율적으로 관리하고 운용하기 위한 사항을 정하고 있으며, 공탁규칙(이하'규칙'이라 합니다)은 공탁법의 시행세칙으로서 구체적인 공탁절차를 규정하고 있습니다. 그 외 공탁금의 이자에 관한 규칙과 민법 제488조 제2항 등의 특별규정이 있습니다.

공탁은 공탁의 목적물인 금전·유가증권·기타 물품을 맡기는 공탁자와 공탁자에 의해 공탁물을 수령할 자로 지정된 자 또는 공탁 본래의 목적에 따라 자기 이름으로 공탁물을 수령할 자인 피공탁자가 당사자가 됩니다. 공탁소는 공탁절차를 주재하고 공탁물을 보관하는 공탁사무의 관장기관으로서 지방법원장이나 지방법원 지원장이 지정한 공탁관이 단독제 국가기관인 공탁소가 되어 실질적인 공탁업무를 수행합니다.

그러므로 공탁은 공탁관이 공탁소가 되어 공탁자의 신청에 의해 공탁물을 받아 보관·관리하고 피공탁자 또는 공탁자의 지급청구에 의하여 공탁물을 지급하는 구조로 되어있습니다.

제1절 공탁의 종류

1. 공탁원인에 의한 분류

가. 변제공탁

변제공탁은 금전 기타 재산의 급부를 목적으로 하는 채무를 부담하는 채무자가 채권자 측에 존재하는 일정한 사유로 인하여 변제를 할 수 없거나 채무자의 과실 없이 채권자가 누구인지를 알 수 없어 변제를 할 수 없는 사정이 있는 경우에 채무의 목적물을 공탁함으로써 채무를 면할 수 있도록 하는 제도를 말합니다.

민법 제488조 제1항에 따르면 변제공탁은 채무이행지의 공탁소에 하여야 합니다.

채무이행지는 채무가 현실적으로 이행되어야 할 장소를 말합니다. 일차적으로는 당사자의 의사표시 또는 채무의 성질에 의해 정해지나 각 법률에서 의무이행지에 관해 특별히 규정하고 있는 경우에는 그 법률의 규정에서 정한 장소가 채무이행지입니다.

변제공탁은 채무의 내용에 따른 것이어야 하므로 관할위반의 공탁은 설사 수리되었더라도 원칙적으로 무효이므로 다시 관할 공탁소에 공탁하여야 합니다. 그러나 피공탁자가 공탁을 수락하거나 공탁물의 출급을 받은 때에는 흠결이 치유되어 그 공탁은 처음부터 유효한 공탁이 됩니다.

다른 공탁과는 다른 변제공탁만의 특이점은 공탁통지제도에 있습니다.

민법 제488조 제3항은 피공탁자에게 공탁사실을 알려 공탁물출급청구권을 행사하도록 하기 위하여 공탁자로 하여금 공탁물 납입 후 공탁통지 의무규정을 두었고 실무상으로는 제출된 공탁통지서를 공탁관이 발송하도록 하고 있습니다(규칙 제29조 제1항). 이러한 공탁통지서의 송달은 피공탁자의 출급청구권행사를 돕기 위한 편의를 제공하는 것일 뿐이므로 공탁의 효력에는 영향이 없습니다.

나, 담보공탁

담보공탁은 기존 또는 장래 피공탁자에게 발생할 손해배상채권을 담보하기 위한 공탁으로서 기능상 재판상 담보공탁, 영업보증공탁, 납세담보공탁으로 나누어 볼 수 있습니다. 공탁자는 원칙적으로 법령상 담보제공의 의무를 지는 자이고, 피공탁자는 공탁물에 대하여 법정의 담보권 또는 우선변제권을 취득할 자입니다.

담보액과 담보제공기간은 법원이 직권으로 정하며 금전 또는 법원이 인정하는 유가증권을 공탁하거나 대법원 규칙이 정하는 바에 따라 지급보증위탁계약을 맺은 문서를 제출하는 방법에 의합니다(민사소송법 제122조, 민사집행법 제19조 제3항).

관할은 특별한 제한규정이 없으나 담보제공명령을 발한 법원 소재지 공탁소에 공탁하는 것이 바람직합니다(행정예규 제952호). 민사소송법은 담보권리자는 담보물에 대하여 질권자와 동일한 권리가 있다고 규정하고 있고(민사소송법 제123조), 민사집행법은 이를 준용하고 있습니다(민사집행법 제19조).

다, 집행공탁

집행공탁은 강제집행 또는 보전처분절차에서 일정한 경우에 집행기관이나 집행당사자 또는 제3채무자가 민사집행법상의 권리·의무로서 집행목적물을 공탁소에 공탁하여 그 목적물의 관리와 집행법원의 지급위탁에 의한 집행당사자에의 교부를 공탁절차에 따라 행하게 하는 제도입니다.

집행공탁의 종류로는 압류채권의 ①제3채무자가 채무를 면하기 위해 채무액을 공탁하는 경우(민사집행법 제248조 제1항), ②추심채권자의 추심금 공탁의 경우(동법제236조 제2항), ③담임법원사무관등이 부동산 등 경매절차에서 즉시 배당할 수 없는 경우에 배당액을 공탁하는 경우(동법 제160조), ④채무자가 보전집행의 정지·취소를 위해 목적물을 갈음하는 금전을 공탁하는 경우(동법 제282조, 제299조), ⑤집행관이매각대금으로 채권자를 모두 만족시키지 못하거나 배당협의가 불성립한 경우 또는 여러 채권자를 위하여 동시에 금전을 압류한 경우에 매각대금을 공탁하는 경우(동법 제222조 제1항 및 제2항), ⑥집행관이 가압류한 금전을 공탁하거나 가압류물을 매각하여 매각대금을 공탁하는 경우(동법 제296조 제4항 및 제5항) 등이 대표적입니다.

그 외에도 유체동산에 대한 강제집행에서 집행관의 매각대금 공탁(동법 제198조제4항), 채무자가 집행목적 동산의 수취를 게을리 한 때 집행관의 매각 후 매각대금 공탁(동법 제258조 제6항), 부동산 매각허가결정에 대한 항고인의 항고보증 공탁(동법 제130조 제3항), 가압류집행으로 강제관리를 하는 경우 관리인의 청구채권액 공탁(동법 제294조) 등이 있다.27) 집행공탁에서 공탁자는 해당 집행절차의 집행기관이나 집행채무자 또는 제3채무자 등이고, 피공탁자는 원칙적으로는 집행채권자이지만 배당절차에서 배당을 받는 단계에 이르러서야 채권자가 확정되므로 공탁신청 시에는 피공탁자를 기재하지 않습니다.

그러므로 공탁을 할 당시 피공탁자를 기재하였더라도 법원을 구속하는 효력은 없습니다. 다만 민사집행법 제248조 제1항에 의하여 금전채권의 일부에 대한 압류를 원인으로 한 제3채무자의 전액 권리공탁의 경우와 가압류를 원인으로 권리공탁을 하는 경우의 피공탁자는 변제공탁적 측면이 있기 때문에 각 압류채무자와 가압류채무자가 피공탁자가 됩니다. 또한 민사집행법 제282조에 의한 가압류해방공탁에서는 피공탁자가 원시적으로 있을 수 없으므로 피공탁자는 기재하지 않습니다.

집행공탁을 할 금액의 범위와 관련하여 압류명령의 효력은 압류명령 송달 후에 발생하는 이자, 손해금 등에 미치므로 피압류채권에 대한 압류명령 송달 후의 이자 또는 손해금을 포함하여 공탁하여야 합니다.

관할은 제한규정이 없으므로 어느 공탁소에 공탁하여도 무방하나, 가압류해방공탁의 경우에는 가압류집행취소와 관련하여 집행법원에 공탁하는 것이 [공탁선례(이하 '선례'라 합니다) 제2-11호], 민사집행법 제248조에 의한 공탁의 경우에도 사유신고와 관련하여 먼저 송달된 압류명령을 발령한 집행법원의 소재지 공탁소에 공탁하는 것이 편리할 것입니다(선례 제2-271호).

집행공탁은 다른 공탁과는 달리 집행절차의 일환으로서 집행절차를 보조하여 집행절차를 원활하게 하는 기능을 수행합니다. 그러므로 민사집행법에 따른 공탁과 집행법원의 지급위탁에 의한 공탁금의 출급이 행해지게 됩니다.

라, 보관공탁

보관공탁은 목적물 그 자체의 보관·관리를 위한 공탁으로 다른 공탁과는 달리 목적이 없고 피공탁자가 원시적으로 존재하지 아니하므로 공탁물출급청구권이 없습니다.

마, 몰취공탁

몰취공탁은 일정한 사유가 발생했을 때 공탁물을 몰취함으로써 소명에 갈음하는 선서 등의 진실성 또는 상호가등기제도의 적절한 운용 등을 간접적으로 담보하는 기능을 수행합니다.

2. 그 외 분류

가, 공탁물에 의한 분류

공탁은 공탁물의 종류에 따라 금전공탁, 유가증권공탁, 물품공탁으로 분류할 수 있습니다.

나, 공탁의 시간적 단계에 의한 분류

최초로 하는 공탁을 기본공탁이라고 합니다. 그에 부속하여 하는 대공탁과 부속공탁이 있습니다.

다, 공탁의 목적에 의한 분류

공탁은 형식적 공탁과 실질적 공탁으로 나눠볼 수 있습니다. 형식적 공탁은 순수한 보관만을 목적으로 하는 보관공탁이 이에 해당합니다. 보관 이상의 법률적 효과를 달성하기 위한 변제공탁이나 담보공탁이 실질적 공탁에 해당합니다.

제2절 변제공탁 관련 규정

1. 변제공탁 규정

변제를 위하여 채권자의 수령을 필요로 하는 경우에 채무자가 적법한 변제의 제공(민법 제460조)을 하였음에도 불구하고 채권자가 수령을 거절하거나 수령할 수 없는 때, 채무자는 채무불이행의 책임을 벗어나고(민법 제461조) 채권자는 수령지체의 책임을 집니다(민법제400조).

그러나 변제의 제공에 의하여 채무의 책임이 경감되더라도 채권 자체는 소멸되지 않고 담보권 등도 소멸되지 않으며, 채무자가 상대방 채권자에 대하여 동시이행항변권을 갖고 있는 경우에는 그 이행청구도 쉽게 할 수 없는 불이익을 받으므로, 그러한 불공평을 해소하고 성실한 채무자를 보호하기 위하여 인정된 것이 바로 변제공탁제도입니다.

공탁통지제도는 변제공탁의 특유한 제도로, 변제공탁자는 변제공탁의 피공탁자에게 변제공탁사실을 알려 공탁물출급청구권을 행사할 수 있도록 공탁성립(공탁물 납입)후 지체 없이 피공탁자에게 공탁통지를 하도록 하고 있습니다(민법 제488조 제3항). 실무에서는 공탁통지를 보다 확실하게 할 수 있도록 하기 위하여 공탁관이 공탁자를 대신하여 피공탁자에게 공탁통지서를 발송하고 있습니다(규칙 제29조 제1항).

공탁통지서는 공탁자가 제출하지만 공탁통지서에는 공탁관이 직인을 찍어야 하고(규칙 제29조 제2항), 배달증명에 의한 우편발송 방법에 의하여야 하므로(규칙 제23조 제2항), 법원이 직권으로 송달하는 경우에 적용되는 민사소송법상 송달에 관한 규정은 적용될 수 없습니다. 따라서 민사소송법 제190조에 규정되어 있는 휴일 또는 일출 전이나 일몰 후의 집행관 등에 의한 송달방법이나 공시송달의 방법에 의해서 공탁통지서를 발송할 수 없습니다(선례 제2-113호).201)

공탁통지서를 수령할 자의 주소로 발송한 이상 그 통지서가 수취인부재로 반송된 경우라 하더라도 채무소멸이라는 변제공탁의 효력은 발생하는 것입니다. 다만 공탁자의 과실로 공탁물을 수령할 자의 주소표시가 잘못되어 공탁통지가 이루어지지 않았다면 공탁자에게 그에 따른 손해배상책임이 발생할 수 있을 뿐입니다.

2. 공탁통지의 의무화

민법상 공탁통지의 의무는 변제공탁을 하는 공탁자에게 있습니다(민법 제488조 제3항). 그럼에도 규칙 제29조에서 공탁관이 공탁통지서를 발송하는 의무를 규정한 것은 공탁통지를 보다 확실하게 할 수 있도록 하기 위함이라고 합니다. 공탁통지를 확실하게 하기 위하여 공탁관에게 공탁자를 대신하여 공탁통지를 하게 하였음에도 선례는 공탁관에 의한 공탁통지는 공탁관이 공탁자가 제출한 공탁통지서를 공탁자를 위하여 발송하여 주는 것에 불과하다(선례 제1-67, 제2-63호)고 봅니다.

결국 공탁자에 의한 공탁통지를 신뢰할 수 없으므로 공탁관에 의해 공탁통지를 발송하게 하는 것인데, 이러한 규정은 공탁통지 발송 사실의 신뢰는 높일 수 있으나 송달률을 높이기는 어렵습니다. 공탁신청과 공탁물지급신청 심사가 공탁관의 주 업무이고 일반 소송절차처럼 직권에 의한 송달이 아닌 상황에서, 현금의 출급과 직접적인 관련이 있어 고도의 집중력을 요하는 업무를 담당하는 공탁관에게 공탁통지 발송의 도달률을 적극적으로 높이기를 기대하는 것은 무리라고 할 수 있기 때문입니다.

한편「공탁통지서가 반송된 경우의 업무처리지침」(행정예규 제978호)은 공탁자가 제출한 공탁통지에 대한 공탁통지서가 반송된 경우 피공탁자의 전화번호가 기재되어 있다면 전화에 의한 반송사실을 안내해주어야 하는 것으로 규정하고 있습니다. 또한 공탁통지서가 주소불명으로 공탁소에 반송된 경우에 공탁자는 피공탁자의 주소에 대한 공탁서의 정정을 신청할 수 있고(규칙 제30조 제6항), 폐문부재 등의 사유로 공탁통지서가 반송된 경우에도 재발송을 신청할 수 있습니다.

그러나 공탁통지가 되지 않은 경우라 할지라도, 공탁통지는 공탁이 성립된 경우에 공탁자가 피공탁자에게 출급청구권이 발생하였음을 알려주어 피공탁자가 출급청구권을 행사하는 데 편의를 제공하기 위한 것일 뿐 공탁의 유효요건은 아니므로 공탁통지가 되지 않은 변제공탁도 원칙적으로 그 효력에 영향이 없습니다.

공탁통지의 이러한 성질은 공탁관의 전화에 의한 반송사실의 안내나 공탁자가 재발송을 위해 공탁서의 정정을 신청해야 할 필요성을 느끼지 않게 만들고, 이로 인해 공탁통지가 실제 피공탁자에게 도달하는 비율은 낮아질 수밖에 없게 됩니다.

결국 공탁통지의 미도달은 공탁사실을 모르는 피공탁자의 공탁금 출급률의 저하로 이어지게 되는 것입니다. 이를 통하여 볼 때 피공탁자에게 공탁금출급청구권이 발생했음을 알리는 공탁통지 도달률을 높이는 것이 변제공탁금의 지급률을 높이기 위한 최선의 방안이 될 것으로 보입니다.

제3절 변제공탁

변제공탁은 채무자가 채무를 이행하려 해도 채권자가 변제를 받지 않거나 받을 수 없는 경우, 또는 채무자가 과실 없이 채권자가 누구인지 알 수 없는 경우에, 채무 이행을 대신하여 채무의 목적물을 공탁소에 맡김으로써 채무를 면하는 제도입니다.

채권자가 변제를 받지 않거나(수령 거절), 수령할 수 없는 경우(수령 불능), 또는 채무자가 선의로도 채권자를 알 수 없는 경우에 변제공탁이 인정됩니다.

변제공탁의 대상이 되는 채무는 현존하고, 확정되어 있어야 하며(즉, 실제로 존재하고 금액, 내용 등이 확정된 채무)임의로 할 수 있는 것이 아니라 반드시 법령상 근거가 있어야 합니다.

공탁은 원칙적으로 채무 이행지의 공탁소(법원 공탁계)에서 하며, 절차상 공탁서 2통을 작성해 제출한 뒤, 공탁물을 지정된 은행이나 창고 등 공탁관이 지정한 곳에 납입하여야 합니다.

1. 변제공탁의 효과

변제공탁이 성립하면 채무자는 채무에서 해방되고, 그 이자 발생도 정지됩니다(민법 제487조)

기존 채무에 수반한 물적·인적 담보(가령 저당권, 보증채무 등)도 채무 소멸과 함께 소멸합니다.

채권자는 공탁물을 공탁소에서 출급청구 할 수 있고, 공탁자는 필요에 따라 공탁물을 회수할 수 있는 권리를 가집니다.

2. 공탁 사유의 예시

(가) 채권자의 수령 거절

채무자가 적법하게 채무를 변제하려 해도 채권자가 받지 않는 경우 변제공탁을 할 수 있습니다.

(나) 수령 불능

채권자의 실종, 사망 등으로 인하여 변제 수령이 사실상 또는 법률상 불가능한 경우 변제공탁을 할 수 있습니다.

(다) 채권자 불확지

채무자가 선량한 관리자의 주의로도 누구에게 변제해야 하는지 알 수 없는 경우 변제공탁을 할 수 있습니다.

3. 법률 근거

변제공탁은 민법 제487조에 명확히 규정되어 있습니다.

4. 법적 수단

변제공탁은 채권자의 주소지 등 약정한 장소에서 해야 하며, 변제는 원칙적으로 채무의 전부에 대해, 특별한 사정이 없다면 무조건적으로 해야 합니다.

공탁의 효력 발생 시점은 공탁이 수리되고, 공탁자가 공탁물보관자에게 실제로 공탁물을 납입한 때입니다.

공탁물의 소유권 이전 시점은 금전 등 소비물인 경우 수령 시에 이전됩니다.

변제공탁은 채무이행이 현실적으로 불가능할 때 채무자가 법적으로 채무를 면하게 해주는 중요한 법적 수단입니다.

5. 변재공탁이 채무 면제에 미치는 영향

변제공탁이 이루어지면, 채무자는 법적으로 그 채무에서 완전히 면제됩니다. 이는 변제공탁이 적법하게 진행되어 공탁물이 공탁소에 납입된 시점에 효력이 발생하며, 이 시점부터 채무는 종료된 것으로 간주되어 더 이상 채무자가 추가적인 법적 책임을 지지 않습니다.

구체적으로, 채권자가 변제를 거부하거나, 받을 수 없는 상황(예를 들어 행방

불명, 사망 등)에서 채무자가 공탁소에 변제 금을 맡기면, 채권자의 협조가 없더라도 채무 이행의 효과가 인정됩니다.

변제공탁의 법적 근거인 민법 제487조에 명시된 바와 같이, 채무자는 정당하게 변제를 제공하려 했음을 증명하면, 더 이상 이자 지급, 채권자 소송, 담보권 등 추가 부담에서도 해방됩니다.

변제공탁이 완료되면 채무자의 지급 의무는 사라지며, 채권자는 공탁소에서 공탁금을 수령함으로써 자신의 권리를 행사할 수 있습니다.

따라서 변제공탁은 채무 면제의 최종적인 법적 수단으로, 채무자의 채무 불이행 책임을 완전하게 소멸시킵니다.

6. 변제공탁이 채무 면제에 미치는 구체적 법적 효과

(1) 채무 소멸

변제공탁이 적법하게 이루어진 경우, 채권자가 실제로 공탁물을 출급청구(수령)했는지에 관계없이 공탁이 성립한 시점에 곧바로 채무는 소멸합니다. 다시 말해 채무 이행의 효과가 발생하여 채무자는 더 이상 해당 채무에 대한 변제 책임을 지지 않습니다.

(2) 이자 등 부수채무 소멸

공탁 이후에는 이자 및 연체금 등 부수채무도 더 이상 발생하지 않습니다. 이미 발생한 이자까지 포함하여 공탁하면 그 시점부터 추가 이자는 발생하지 않습니다.

(3) 채권자의 수령 여부와 무관

채권자가 공탁물을 실제로 수령하지 않아도, 공탁의 법적 요건을 갖추어 공탁관이 공탁을 수리하면 채무 소멸의 효과가 발생합니다.

(4) 공탁물 회수 시 효력

만약 공탁자가 정당 사유로 공탁물을 회수하면(예컨대 채권자가 이미 채무를 포기한 경우 등) 소멸한 것으로 본 채권이 부활하여, 공탁하지 않은 것과 같은 상태가 됩니다.

(5) 이행지체 책임 면제

변제공탁이 성립하면, 채무자는 이행지체의 책임(지연손해금 등) 에서도 해방됩니다. 다시 말해서 더 이상 채무불이행을 이유로 제재를 받지 않습니다.

적법한 변제공탁의 성립은 실질적으로 강제력이 있는 채무 면제와 동일한 법적 효과를 가지며, 채권자가 수령하지 않더라도 채무는 소멸되어 그 이후로 추가책임이 발생하지 않습니다.

7. 공탁으로 채무 소멸

공탁, 특히 변제공탁은 채무 소멸과 직접적이고 본질적인 관련이 있습니다.

채무자가 채무를 이행하려고 했으나 채권자가 수령을 거절하거나, 받을 수 없는 경우 등에서 법원 등 공탁소에 금전이나 물품을 맡기면, 채무자는 법적으로 채무를 이행한 것으로 간주됩니다.

이로 인해 채무는 소멸합니다.

(가) 법적인 채무면제

적법하게 공탁이 성립하면, 채무자는 더 이상 해당 채무에 대한 법적 책임을 지지 않으며, 채권 역시 소멸됩니다.

(나) 이행의 효과

채무자가 공탁을 통해 변제의무를 다하였다고 인정되어, 채권자가 실제로 공탁금을 찾지 않아도 소멸의 효과는 그대로 발생합니다.

(다) 민법상 근거

민법 제487조는 "채권자가 변제를 받지 아니하거나 받을 수 없는 때에는 변제자는 채권자를 위하여 변제의 목적물을 공탁하여 그 채무를 면할 수 있다"고 규정해, 공탁과 채무 소멸의 직접적인 연결 고리를 명확히 하고 있습니다.

결론적으로, 적법한 절차에 따라 공탁이 이루어지면, 채무자는 채무에서 완전히 해방되며, 채권은 법적으로 소멸하게 됩니다.

8. 변제공탁의 적법 조건

(1) 채무 소멸 효과 없음

변제공탁이 법에서 정하는 요건(예컨대 채권자가 정당하게 수령을 거절하는 경우, 수령 불능, 채권자 불확지 등)에 맞지 않거나, 목적물·공탁 방법·절차가 부적법하면 채무는 소멸하지 않습니다. 따라서 채권자는 여전히 채무자에게 변제를 청구할 수 있습니다.

(2) 채무불이행 책임 부담

변제공탁이 적법하지 않으면, 채무자는 여전히 이행지체 책임(지연이자, 손해배상 등)을 포함한 채무불이행에 따른 법적 책임을 부담할 수 있습니다.

(3) 강제집행 위험

적법한 공탁이 아니므로, 채권자는 법적 절차를 통해 압류, 가압류 등 강제집행을 신청할 수 있습니다.

(4) 공탁비용 손실

부적법한 변제공탁은 법원이 각하하거나 불수리(반환)하므로, 이미 납부한 공탁금이나 비용을 다시 돌려받지 못하거나, 절차가 지연되어 추가 비용이 발생할 수 있습니다.

다시 말해서 적법 요건을 갖추지 않은 변제공탁은 채무 면제의 효과가 없고, 반대로 법률상 또 다른 불이익(손해배상 청구, 강제집행, 추가 비용 등)이 발생할 수 있으므로 요건과 절차 준수가 매우 중요합니다.

9. 적법 조건 미충족시 법적 책임

적법 조건을 충족하지 않은 변제공탁은 법적 효력이 인정되지 않으므로 채무소멸의 효과가 발생하지 않습니다. 이로 인해 다음과 같은 법적 책임이 발생할 수 있습니다.

(가) 채무불이행 책임

적법하지 않은 변제공탁은 채권자에 대한 변제의 효력(채무 소멸)을 발생시키지 않으므로, 채무자는 여전히 원래의 채무를 부담하며, 이행지체로 인한 지연이자·손해배상 등 추가 책임을 부담할 수 있습니다.

(나) 강제집행 등 위험

공탁이 적법하지 않으면 채권자는 변제를 받지 못한 상태이므로, 압류, 가압류, 강제집행 등 강제적 법적 조치도 취할 수 있습니다.

(다) 공탁비용 낭비 및 반환의무

공탁 자체가 무효 또는 불수리(반환) 대상이 되어 공탁비용이 낭비되거나, 이미 공탁되어 있던 목적물이나 금전을 회수해야 하는 문제가 발생할 수 있습니다.

다시 말해서 적법 조건을 갖추지 않은 변제공탁은 채무자의 채무 면제 효과를 전혀 발생시키지 못하고 오히려 기존 채무에 대해 여전히 법적 책임(변제 책임, 손해배상, 강제집행 등)을 지게 만듭니다.(참고사항으로 검색결과에서는 변제공탁의 구체적 법적 효력이나 미 충족 시 법적 책임에 대한 직접적인 판례는 없으나, 조건 미 충족 시 법률행위 전체가 무효가 된다는 민법 원칙에 근거해 해석하였습니다)

10. 변제공탁 방법

(1) 공탁사유 확인

변제공탁을 하려면 첫째, 채권자가 변제를 거절한 경우(수령거절), 둘째, 채권자가 변제를 받을 수 없는 경우(수령불능), 셋째, 채권자가 누구인지 알 수 없는 경우(채권자 불확지)의 사유가 있어야 가능합니다.

(2) 공탁서 작성

공탁자는 공탁서 2통을 작성하여야 하며, 여기에 공탁 목적, 채무 내역, 피공탁자(채권자)의 주소, 사유 등 필수사항을 정확하게 기재합니다.

공탁자가 직접, 또는 대리인·관리인이 제출할 수 있습니다.

(3) 관할 공탁소의 결정

원칙적으로 채무 이행지의 관할법원 공탁소에 신청해야 하며, 이는 대체로 채권자의 주소지 법원입니다

(4) 공탁서 및 첨부서류 제출

작성한 공탁서 2통과 필요한 첨부서류(예: 신분증, 공탁통지서, 우표가 들어있는 봉투 등)를 공탁관에게 제출합니다.

(5) 공탁물 납입

공탁승인을 받은 후, 지정된 은행 또는 창고업자에게 공탁할 금전 또는 목적물을 납입(입금 또는 보관)합니다.

(6) 공탁통지의무

공탁자는 공탁통지서와 우표 등이 든 봉투를 피공탁자(채권자) 수만큼 준비해 함께 제출해야 하며, 이는 변제공탁 사실을 채권자에게 알리기 위함입니다.

(7) 심사 및 공탁완료

공탁관이 제출 서류와 사유를 심사해 요건이 갖추어졌으면 공탁을 수리하고, 이후 채무자는 채무에서 해방됩니다.

공탁서에는 모든 정보를 정확히 기재해야 하며, 채권자와 채무 내용에 대한 소명이 필요할 수 있습니다. 피공탁자의 주소가 불명확할 경우 주소를 입증하는 자료를 첨부해야 합니다. 금전채무의 경우, 원칙적으로 이자 등 부수채무까지 모두 포함해 공탁해야 완전한 채무해방이 인정됩니다.

이 절차를 모두 거쳐 적법하게 변제공탁을 하면, 채무자는 해당 채무로부터 자동으로 면책됩니다.

(8) 공탁서 작성 시 반드시 포함할 사항

(가) 공탁자의 인적사항

성명(개인 : 이름, 법인 : 상호·명칭), 주소(개인 : 주소, 법인 : 본점 또는 주사무소), 주민등록번호(개인) 또는 법인등록번호(법인)를 기재하여야 합니다.

(나) 공탁물의 표시

금전 : 금액(한글 또는 한자로 표기, 아라비아 숫자 병기)을 기재하여야 합니다.

유가증권 : 명칭, 장수, 총 액면금, 기호, 번호, 부속이표, 최종상환기 등을 기재하여야 합니다.

물품 : 명칭, 종류, 수량을 기재하여야 합니다.

(다) 공탁원인 사실

공탁의 사유와, 이를 뒷받침하는 구체적인 사실(예를 들어 채권자 수령거절, 수령불능 등)을 기재하여야 합니다.

(라) 공탁근거 법령조항

공탁을 하게 된 관계 법령의 조항(민법 제487조)을 기재하여야 합니다.

(마) 피공탁자(수령인 예컨대 채권자)의 인적사항

성명(또는 상호·명칭), 주소(피공탁자의 주소를 표시하는 경우, 이를
증명하는 서류를 첨부), 주민등록번호(또는 법인등록번호)를 기재하여
야 합니다.

(바) 기타 필수 사항

공탁자의 직접 기명날인(서명 또는 도장), 대리인, 대표자, 관리인 등
이 신청하는 경우 그 자격을 증명하는 서면 첨부(해당 시), 법인 또는
법인 아닌 사단·재단의 경우 정관, 대표자 선임 증빙 등 추가 서류
첨부가 필요합니다.

(사) 특별한 경우

피공탁자의 주소가 불명확한 경우, 이를 소명하는 서면(예를 들어 공
인된 주소확인서류, 반송된 우편물 등) 첨부, 대리인이 공탁하는 경
우, 대리권을 증명하는 서류(위임장 등) 첨부, 모든 정보는 최신의 관
공서 발급 서류(3개월 이내에 발급된 서류)로 증명하는 것이 원칙입
니다. "공탁서에는 공탁자의 성명·주소·주민등록번호, 공탁금액, 공탁
원인사실, 관할관서, 피공탁자의 성명·주소·주민등록번호를 적고 신청
인이 직접 기명날인해야 하며, 첨부서류로 자격증명서 등 관련 증빙
자료가 필요합니다."

제4절 집행공탁 관련 규정

금전공탁에서 변제공탁 다음으로 많은 공탁금 비율을 차지하는 집행공탁은 크게
일반집행공탁(채권배당절차), 경매집행공탁, 가압류해방공탁으로 나뉩니다. 채권배
당절차사건에서는 배당실시 후에 사유가 발생해도 공탁유보를 통해 별도의 공탁절
차를 밟고 있지 않기 때문에, 배당금 출급이 이뤄지지 않은 배당채권자들에게 공탁
절차를 취하기 전이 아닌 배당기일 이후의 일정시기를 정해 일괄적으로 배당금의
출급을 독려하는 안내문의 추가발송이 필요합니다.

경매사건에서는 배당절차 진행 후 지급되지 않은 배당액에 대해서 담임 법원사무관등이 공탁절차를 반드시 취하도록 하고 있습니다. 그러나 배당채권자가 배당기일에 기일통지 등을 제대로 받지 못하는 경우에는 배당금이 있다는 사실을 제대로 인지하지 못하게 되고, 이로 인해 배당금출급청구권을 행사하지 않아 공탁금이 국고로 귀속되는 경우가 많습니다.

이러한 미출급 채권자들에게 경매를 담당하는 담임 법원사무관 등이 공탁의 절차를 취하기 전에 배당금 출급에 대한 안내문을 추가로 발송해준다면 배당금의 출급률을 높일 수 있을 것으로 보입니다. 물론 채권배당절차나 경매업무의 과중을 생각할 때 안내문 발송업무를 담당하는 실무관 등의 배치가 별도로 요구됩니다. 실무관 등의 배치가 현실적으로 어렵다면 현재 '공탁금 찾아주기 사업'을 진행하는 법원행정처에서 배당기일 이후 미출급 배당금에 대한 통지를 일괄적으로 실시하는 등의 지원이 필요할 것입니다.

가압류해방공탁금은 가압류의 집행정지나 취소로 인한 채권자의 손해를 담보하는 것이 아니고 가압류의 목적재산에 갈음하는 것이므로 소송비용의 담보에 관한 규정이 준용되지 않고 가압류채권자에게도 우선권이 없습니다. 그러므로 가압류해방공탁은 가압류채권자에게 공탁금출급청구권이 없고 가압류채무자의 공탁금회수청구권만이 있게 됩니다.

가압류채무자는 공탁 후 공탁서를 첨부하여 가압류집행취소신청을 하게 되고 가압류집행취소가 이루어지면 가압류명령 그 자체의 효력은 공탁자(가압류채무자)의 공탁금회수청구권에 대해 미치게 됩니다. 공탁자인 가압류채무자의 해방공탁금회수청구권은 공탁원인의 소멸을 정지조건으로 하는 청구권이므로 가압류의 효력이 소멸되었음을 증명하는 서면인 가압류취소나 해제증명을 제출하면 가압류채무자는 공탁금을 회수할 수 있게 됩니다. 가압류채권자는 본안승소판결 등을 집행권원으로 하여 가압류채무자의 공탁금회수청구권에 대해 가압류로부터 본압류로 이전하는 압류 및 추심명령이나 전부명령을 받아 공탁금을 회수할 수 있다는 현금화명령설이 실무의 입장입니다.

가압류의 집행취소가 이루어지는 경우 가압류채무자는 가압류명령의 취소가 이루어졌다고 생각하고 가압류채권자에게 공탁금출급청구권이 발생하는 것으로 잘못 이해하는 경우가 많습니다. 공탁금의 지급률을 높이기 위해서는 가압류채무자가 가압류해방공탁을 한 이후 집행취소신청을 할 때 이에 대한 안내가 필요하며, 가압류채권자에게도 가압류의 외관은 제거되었으나 가압류 자체의 효력이 소멸되는 것이 아님을 주지시켜주고 본안재판 등을 통해서 공탁금회수청구권에 대한 권리를 행사할 수 있음을 적극적으로 알리는 노력이 필요할 것입니다.

1. 집행공탁

집행공탁은 민사소송법, 민사집행법 등에 규정된 강제집행이나 보전집행 절차(예컨대 채권 압류·가압류)에서 제3채무자, 집행기관 또는 당사자가 집행 목적물을 법원 공탁소에 맡겨, 그 목적물의 관리와 집행당사자에의 지급을 공탁 절차에 따라 이행하게 하는 공탁을 말합니다.

집행공탁의 주된 목적은 강제집행(채권 압류 등) 관련된 금전이나 목적물을 법원 공탁소에 예치함으로써, 집행채무관계의 종료나 이해관계인의 권리보호를 실현하는 데 있습니다.

(1) 제3채무자가 공탁하는 대표적 경우

채권압류 또는 가압류명령이 내려졌을 때, 그 금전채권의 전액 또는 압류액 전부를 공탁소에 맡기면 채무 관계로부터 벗어날 수 있습니다.

일반적으로 압류·가압류 경합, 배당참가 등 다양한 집행 과정에서 집행공탁이 활용됩니다.

(2) 집행공탁의 절차

(가) 집행공탁 사유 발생

강제집행(압류명령, 가압류명령 등)이 내려진 후, 제3채무자가 그 금전채권의 전부·일부 또는 관련 목적물을 공탁합니다.

(나) 공탁원인사실 및 서류 준비

집행공탁을 하려면 공탁서(공탁사유, 금액, 공탁법령 등 상세히 기재), 관련 결정문, 우표 등 필요 서류를 준비합니다.

(다) 관할 법원 공탁소에 신청

집행공탁은 통상 채무 이행지 또는 압류 등 집행을 발령한 그 법원 공탁소에 공탁합니다.

(라) 공탁사유 신고

집행공탁 이후 반드시 법원에'공탁사유 신고서'를 제출해야 하며, 이 신고가 있어야 적법하게 집행공탁이 성립합니다.

(마) 배당 절차

공탁물은 집행법원의 배당절차를 거쳐 권리자(채권자 등)들에게 지급이 됩니다.

(바) 집행공탁의 효과

(1) 채무 소멸 효과

제3채무자가 집행공탁을 하면, 그 금전채권이나 목적물에 대한 집행채무자와의 관계에서 채무를 면제받는 효과가 발생합니다. 다시 말해 더 이상 해당 금액에 대해 이행의무를 지지 않습니다.

(2) 압류명령 등 집행절차 종료

집행공탁이 이루어지면 압류명령 등 집행의 목적이 달성되어 그 효력은 장래를 향해 소멸합니다. 집행은 종료되고, 압류채권자의 권리는 공탁금에 대한 배당권자로 전환이 됩니다.

(3) 배당절차를 통한 권리 실현

채권자는 공탁된 금전이나 목적물에 대해 배당요구 등 집행법원의 배당절차를 거쳐 수령하게 되며, 이 과정에서 여러 이해관계인의 권리관계가 모두 정리됩니다.

(4) 배당절차 후 확정

만약 공탁 액이 배당 등으로 확정되었다면, 그에 해당하는 금액에 대한 변제 효과도 발생합니다.

(5) 관련 법령

민사집행법 제248조 제3채무자가 법령에 따라 공탁을 이행하면 채무를 면책 받으며, 공탁사유 신고 의무가 규정되어 있습니다. 공탁규칙 및 관련 법령에서 집행공탁의 절차 및 방법을 자세히 정하고 있습니다. 집행공탁은 집행 채무관계의 조속한 해소, 이중집행 예방, 이해관계인의 권익보호 등 실효적이고 중요한 집행수단입니다.

(6) 제3채무자가 집행공탁을 할 때 주의해야 할 주요 사항

(가) 공탁사유신고 의무

집행공탁을 한 경우, 반드시 그 사유(공탁의 원인과 관련 사실)를 관할 법원에 신고해야 합니다. 이 신고(사유신고)가 이루어져야 배당절차가 개시되고, 공탁의 법적 효력이 제대로 발생합니다.

이를 누락하면 집행공탁의 효력이 인정되지 않아 채무 면책이 제대로 이루어지지 않을 수 있습니다.

(나) 공탁 금액의 정확성

공탁 대상인 채권 전액(압류된 해당 금전채권의 전액 또는 집행명령이 있는 전부)을 정확하게 공탁해야 하며, 일부만 공탁하거나 금액이 불충분할 경우 면책효과가 인정되지 않습니다.

특히 압류가 중복되어 경합하는 경우에는 피압류채권의 전체 금액을 확인하여 정확히 산정해야 합니다.

(다) 공탁의무 인정 시기

단순히 압류나 가압류가 중복되어 있다고 해서 곧바로 공탁의무가 생기지는 않고, 관련 채권자의 배당청구 등 공탁의무가 발생한 경우에만 의무적으로 공탁을 해야 합니다.

이 점을 놓치면 불필요하거나 시기상조의 공탁을 하게 되어 절차상 문제가 생길 수가 있습니다.

(라) 공탁서의 기재 방식

집행공탁의 경우에는 피공탁자를 특정할 수 없으므로, 공탁서의 피공탁자란은 비워두고 공탁통지서도 첨부하지 않습니다. 이는 변제공탁 때와 구별되는 중요한 특징입니다.

(마) 채권별 맞춤 공탁 필요

집행공탁의 효력은 압류·가압류의 대상이 된 특정 채권 부분에만 미치므로, 여러 채권이 경합된 경우 각 채권별로 정확한 압류액과 공탁 액을 맞추어야 합니다. 다른 채권까지 일괄 면책되는 것은 아닙니다.

(바) 지급거절 사유 존재 시

채무자에 대한 지급기한이 아직 도래하지 않았거나, 동시이행항변 등이 있는 경우에는, 비록 압류가 중복되어 있어도 공탁의무가 발생하지 않는다는 점을 유의해야 합니다.

(사) 공탁 후 회수 불가

집행공탁이 한 번 성립하여 배당재단에 포함되면, 압류명령이 소멸됐다 하더라도 제3채무자는 공탁금을 임의로 회수할 수 없습니다. 이 점 또한 자주 간과되는 부분이므로 주의해야 합니다.

(아) 이중변제 위험 방지

공탁의무가 발생했음에도 제3채무자가 임의로 한 채권자에게만 변제한 경우, 다른 채권자에 대해 채무 소멸을 주장할 수 없으므로 이중지급의 위험이 발생할 수 있습니다.

반드시 적법한 공탁을 통해서만 면책을 취득할 수 있습니다.

제3채무자의 집행공탁은 절차·공탁금액·사유신고 등 법정 요건을 철저히 준수해야 제대로 채무에서 면책되고, 불필요한 법적 분쟁이나 이중지급 위험을 피할 수 있습니다.

2, 집행공탁 방법

(1) 공탁사유 발생

압류 또는 가압류명령이 송달되어 제3채무자로서 변제의무가 생긴 경우에 집행공탁을 할 수 있습니다.

(2) 공탁할 금액 결정

압류·가압류된 금전채권의 전액 또는 집행명령에 따른 금액 전부를 정확히 산정해야 합니다.

일부 공탁이나 금액 착오는 완전한 면책효과를 주지 않습니다.

(3) 서류 준비 및 공탁서 작성

(가) 공탁서 작성

집행공탁의 공탁자(제3채무자), 압류(가압류)명령의 채권자·채무자, 공탁금액, 사유 등 정확히 기재하여야 합니다.

피공탁자는 일반적으로 배당절차에서 확정되므로, 일부를 제외하고는 명확히 지정하지 않습니다.

(나) 첨부서류

압류·가압류명령 결정문, 신분증, 필요시 배당요구서 등을 첨부하여야 합니다.

(다) 관할 공탁소 확인

채무이행지 법원공탁소 또는 압류·가압류를 명령한 그 법원 소재지 법원 공탁소에 공탁하는 것이 원칙입니다.

(라) 공탁물 납입

작성한 공탁서를 제출하며, 공탁금(해당 금전 등)을 구체적으로 납입하여야 합니다.

(마) 공탁사유 신고

집행공탁 후 반드시 공탁서 사본을 첨부하여 서면으로 집행법원(압류·
가압류 발령 법원)에 공탁사유신고를 하여야 합니다. 이 신고가 이루
어져야만 적법하게 면책효과가 발생하고, 집행의 효력(예컨대 압류)도
중지됩니다.

(바) 공탁통지 및 우표납부

집행공탁을 할 때는 공탁사실통지 및 필요한 우표 납부 등 관련 의무
를 이행하여야 합니다.

공탁 후 배당절차가 개시되어 각 채권자에게 배당이 이뤄집니다. 공
탁사유신고 누락, 금액 미달, 서류 미비 등은 면책불인정 등 법적 문
제가 발생할 수 있으므로, 반드시 모든 절차와 요건을 철저하게 준수
해야 합니다.

이 절차를 따르면 제3채무자는 법적으로 채무를 면할 수 있습니다.

(사) 집행공탁 시 제3채무자가 반드시 신고해야 하는 사유

집행공탁 시 제3채무자가 반드시 신고해야 하는 구체적 사유는, 법원이
배당절차를 개시할 수 있도록 공탁이 이루어진 원인 및 내용을 명확히
전달하는 데 있습니다.

(1) 사건의 표시

압류(가압류)명령 등 관련 사건의 사건번호 및 법원명 등을 기재하여
야 합니다.

(2) 채권자, 채무자 및 제3채무자의 이름

각각의 정확한 신원(성명, 주소 등)을 구체적으로 기재하여야 합니다.

(3) 공탁사유

첫째, "채권압류(혹은 가압류)명령에 의한 의무공탁임"

둘째, "압류가 경합된 채권에 관한 집행공탁임"

셋째, "배당요구 등이 있어 금전채권의 전액을 공탁함"

실제로는 어떠한 집행 절차(압류, 가압류, 경합 등)와 관련하여 공탁이 필요하게 되었는지 구체적으로 명시해야 합니다.

(4) 공탁한 금액

압류, 가압류, 추심 등으로 공탁하게 된 정확한 금액을 표기하여야 합니다.

이 내용은 서면(공탁사유신고서)으로 작성해야 하며, 공탁서 원본 및 압류결정문 사본 등 관련 서류를 첨부해야 합니다.

특히, 공탁사유를 구체적으로 기재하지 않거나, 압류가 경합된 경우 일부 경합 압류에 대한 기재를 누락할 경우, 배당 등 추후 절차에 문제가 생길 수 있으므로 반드시 빠짐없이 명시해야 합니다.

한편"공탁사유신고는 사건의 표시, 채권자, 채무자 및 제3채무자의 표시, 공탁사유 및 공탁한 금액을 기재한 서면으로 하여야 하고, 공탁서 원본과 결정문 등 관련 자료를 첨부해야 합니다."

(5) 집행공탁의 원인(압류·가압류 등)

구체적 공탁사유(압류 경합, 배당요구 등) 관련자 현황(채권자·채무자·제3채무자)을 구체적으로 기재하여야 합니다.

제5절 재판상 담보공탁

1. 담보제공명령 단계에서의 조치

재판상 담보공탁에 관한 주요 규정으로는 민사소송법, 민사집행법 등이 있고, 실무상으로는 민사집행법상의 담보공탁이 더 큰 비중을 차지하는데, 그중 가압류와 가처분에 관련된 담보공탁이 대부분을 차지하고 있습니다. 통상의 가압류나 가처분 등 신청사건에 있어서 신청채권자는 청구채권과 가압류의 이유를 소명하여야 합니다. 그러나 청구채권이나 가압류의 이유를 소명하지 아니한 때에도 가압류로 생길 수 있는 채무자의 손해에 대하여 법원이 정한 담보를 제공한 때 법원은 가압류 등을 명할 수 있고, 청구채권과 가압류의 이유를 소명한 때에도 법원은 담보를 제공하게 하고 가압류를 명할 수 있습니다(민사집행법 제279, 제280, 제301조).

이때 제공되는 담보는 금전 또는 법원이 인정하는 유가증권을 공탁하거나 지급보증위탁계약체결문서를 제출하는 방법이 있습니다(민사소송법 제122조, 민사집행법 제19조 제3항). 그중 부동산·자동차·건설기계·소형선박 또는 금전채권에 대한 가압류 신청사건에 있어서는 담보제공방식에 관한 특례가 적용되어 법원의 담보제공명령이 없더라도 가압류신청을 할 때 미리 지급보증위탁계약을 체결한 문서를 제출하는 방법으로 담보제공의 허가를 신청할 수 있으나, 급여채권과 영업자 예금채권에 대한 가압류신청에서는 이러한 특례가 적용되지 않습니다(지급보증위탁계약체결문서의 제출에 의한 담보제공과 관련한 사무처리 요령 제6조).

민사신청사건에서의 담보제공명령 중 급여채권과 예금채권 등의 채권가압류와 유체동산가압류는 지급보증위탁계약체결문서의 제출이 허용되지 않고 현금으로 담보를 제공할 것을 명하는 비율이 높습니다. 이러한 채권가압류와 유체동산가압류는 2020년 접수 기준 전체 가압류사건의 28.8%와 0.8%를 각 차지하고 있으며, 재판상 담보공탁의 공탁금 출급비율은 2020년 말 기준 83.58%입니다.

만일 민사신청사건에 있어서 현금 담보제공의 비율을 낮추는 것이 가능하다면 그것도 한 방안이 될 수 있을 것이나, 현금 담보제공의 대상과 금액의 기준은 각 법원별 사안에 따라 어느 정도 정형화되어 있고 이에 대한 기준을 바꾸는 것은 현실적으로 접근하기 어려운 부분이 있습니다. 뿐만 아니라 공탁절차의 개선으로도 해결될 수 없는 사안이므로 이에 대한 관심과 검토가 지속적으로 필요하다고 할 것입니다.

이러한 점을 감안할 때 결국 당사자들이 담보공탁금 출급률을 높이도록 독려하는 것이 접근 가능한 방법이 될 것입니다. 재판상 담보공탁의 출급률을 높이기 위한 방안으로 생각해 볼 수 있는 것으로는 현금공탁을 명하는 담보제공명령에 담보공탁금을 출급받기 위해서 갖추어야 할 서류에 대한 안내문구의 기재, 일정 기간 출급이 이뤄지지 않을 경우 국고에 귀속된다는 문구들을 고정적으로 기재하여 당사자들이 그들의 권리를 행사할 수 있도록 알리는 방법이 있습니다.

일반 당사자들은 가압류·가처분의 보전처분절차와 본안재판이 별개로 진행된다는 것을 알지 못하는 경우가 많고, 보전처분이 본안을 전제로 하는 것임에도 보전처분자체만을 심리적 압박 수단으로 사용하는 경우가 많습니다. 채권자의 입장에서 보전처분만으로도 소기의 목적을 달성하였다면 이후의 절차에 대해서는 무관심할 수 있으므로, 보전처분사건의 초기인 담보제공명령단계에서 담보취소 등을 통한 공탁금지급에 대한 안내가 이루어져야 할 것입니다. 또한 보전처분사건의 종결단계에서 이루어지는 채무자에 대한 결정문 송달에서도 채권자가 제공한 담보에 대해 채무자가 손해를 입은 경우, 손해배상채권에 기한 압류 등을 통해 그 권한을 행사할 수 있음을 알려야 할 것입니다.

2. 재판상 담보공탁

재판상 담보공탁은 소송과정에서 발생하는 특정 행위(예를 들어 가압류, 가처분, 집행정지 등)로 인해 상대방이 입을 수 있는 손해를 보전하기 위해 법원의 명령에 따라 제공하는 금전 등의 담보공탁입니다. 한편 "재판상 담보공탁은 당사자의 소송행위나 법원의 처분으로 인해 담보 권리자가 받게 될 손해를 담보하기 위한 공탁을 말합니다." 이 해당됩니다.

3. 담보공탁

담보공탁은 앞으로 발생할 수 있는 손해를 담보하기 위해 금전이나 유가증권 등을 공탁소에 맡기는 절차를 뜻합니다. 이는 상대방이 입을 수 있는 손해에 대해 일정 자산을 법적으로 확보해 두는 것으로, 흔히 손해담보공탁이라고도 합니다.

(1) 담보공탁의 주요 목적

특정 상대방이 장래에 입을 수 있는 손해에 대비하여 법원 또는 공탁소에 금전이나 이에 준하는 것을 예치하는 것입니다.

대표적 사례로는 소송 과정에서 가압류나 가처분을 신청할 때 법원의 담보 제공 명령에 따라 신청자가 담보공탁을 하는 경우가 많습니다.

담보공탁을 통해 상대방(피공탁자)이 실제로 손해를 입을 경우, 공탁된 금전 등으로 그 손해를 보전할 수 있습니다.

(2) 담보공탁의 종류

(가) 재판상 담보공탁

소송의 진행 중, 가압류, 가처분, 강제집행 정지 등 법원의 처분에 따른 손해를 담보하기 위한 공탁입니다. 한국의 실무에서는 이 유형이 가장 많습니다.

가압류의 경우 채권자가 채무자의 재산을 임시로 확보하려 할 때, 가처분의 경우 소유권 증명이나 권리 행사에 분쟁이 있을 때 일시적으로 권리를 제한하거나 유지하려 할 때, 강제집행정지의 경우 집행 판결에 대해 항고·이의 등을 제기하며 집행을 잠시 멈추려 할 때, 주로 소송 및 법원의 집행과정에서 상대방의 권리보호가 필요한 경우(예컨대 가압류 등).

(나) 영업보증공탁

영업활동 등에서 발생할 수 있는 피해자의 손해를 담보하기 위한 공탁입니다

(다) 영업 관련 보증

부동산 중개업, 건설업 등 법령상 영업을 시작하거나 유지할 때 일정 금액을 공탁하여 의무 불이행, 피해 보상 등을 대비해야 할 때, 특정 업종에서 법적으로 보증금 공탁이 요구되는 경우가 이에 해당합니다.

(라) 납세담보공탁

국세·지방세 등 조세의 징수 유예 시, 세금의 납부나 징수를 담보하
기 위해 수행하는 공탁입니다 조세 유예 및 분할 납부, 세금 납부 유
예, 분할 등으로 임시로 세금 징수를 미루고자 할 때 납세자가 그 세
액을 담보하기 위해 공탁을 하는 경우, 납세, 지방세 등 조세기관이
세금 납부를 유예하는 과정에서 필요할 때가 이에 해당합니다.

(마) 가압류 담보공탁

채권자가 가압류를 신청했을 때 법원의 명령에 따라 손해배상을 담보
하기 위해 공탁하는 경우가 이에 해당합니다.

(바) 가처분 담보공탁

가처분을 신청하거나 해제할 때 상대방의 손해를 담보가 이에 해당합니다.

(사) 강제집행정지 담보공탁

집행정지 신청 시 채권자가 입을 수 있는 손해를 담보하는 공탁이 이
에 해당합니다

통상적으로 담보공탁은 특정의 상대방이 앞으로 받을 수 있는 손해를
담보하기 위한 공탁을 말하며 손해담보공탁이라고도 합니다.

위와 같이 담보공탁은 소송 등 법률행위에서 발생할 수 있는 경제적
위험을 관리하는 법적 절차로, 주로 법원의 명령에 의해 이루어집니다.
각 담보공탁은 관련 법령, 제도 운영기관(법원, 행정청 등), 그리고 사
건의 성격에 따라 선택되어야 하며, 목적은 상대방 또는 국가의 경제
적 손실을 최소화하고 법적 분쟁을 원활하게 처리하는 데 있습니다.

(3) 담보공탁 절차 및 방법

(가) 공탁(현금 또는 유가증권) 방식

법원의 담보제공명령을 수령합니다.

공탁서 작성하여야 합니다. 금전공탁서(재판상 보증)를 2부 작성하고,
담보제공명령서를 첨부하여 공탁소에 제출하여야 합니다.

공탁서는 공탁소를 방문 또는 전자공탁을 이용하여 담당 법원의 공탁소에 제출하거나, 법원 전자공탁 시스템을 통해 신청할 수 있습니다, 공탁금 납부는 수리된 공탁서를 받은 후 지정 수납은행에 공탁금을 납부합니다. 전자공탁의 경우 납입 계좌 안내를 받아 그 계좌로 납입하면 됩니다.

공탁서 사본을 법원에 제출하여 담보제공사실을 신고합니다. 이 단계가 완료되어야 담보 제공이 적법하게 된 것입니다. 그리고 공탁서의 원본은 후일 공탁금을 회수하는 데 필요하므로 잘 보관하여야 합니다.

(나) 보증서(보증보험) 방식

법원의 허가 필요합니다. 보증보험증권 제출을 원할 경우, 법원에 지급보증위탁계약체결문서 제출 허가신청을 하여 법원으로 하여금 허가를 받아야 합니다.

보증보험사 방문 또는 비대면 신청으로 허가를 받은 후, 보험사(예를 들어 서울보증보험 등)에서 보증보험 계약을 체결하고 보증서를 발급받습니다. 방문이 어려우면 팩스, 온라인 등으로도 가입할 수 있습니다.

보증서 원본을 법원에 제출하고 보험사에서 발급된 보증서를 재판부에 제출하면 담보 제공이 완료됩니다.

(다) 필수 준비물 및 주의사항

첫째, 공탁서(또는 지급보증위탁계약체결문서) 둘째, 담보제공명령서 셋째, 각종 신분증(전자공탁은 공인인증서 필요) 넷째, 공탁금(현금공탁 시 해당 금액) 또는 보증보험료(보증보험 이용 시) 다섯째, 채무자 인적사항, 사건번호 등 정확한 정보 기재 필수이고 불명확하면 접수가 되지 않습니다.

(라) 전자공탁 방법(간단 요약)

대법원 전자공탁사이트에 접속하여야 합니다. 공인인증서, 로그인, 사건번호, 성명 입력 후, 담보 제공 명령에 따라 금액 등 세부 사항 작성하고 공탁금 계좌 안내에 따라 납부하고 공탁서 사본을 수령 후 법원에 제출하시면 됩니다.

재판상 담보공탁은"현금이나 보증보험 등 법원이 정한 담보 제공 방식에 따라, 공탁서(또는 보증서)를 작성·제출하고, 공탁금은 법원이 지정한 수납은행에 납부하거나 보험사의 보증서를 법원에 제출"하여야 완료 됩니다.

각 방법을 선택할 때는 법원의 명령(금액, 담보종류 등)을 반드시 따르는 것이 중요합니다.

(4) 주요 특징 및 취지

현재의 채무 이행이 아니라, 장래 발생할 수도 있는 손해에 대비한 담보를 제공하는 제도입니다. 법원의 담보제공 명령에 따라 실시하며, 대표적으로 가압류·가처분 신청 시, 소송비용의 담보, 강제집행정지 신청 시 등의 다양한 상황에서 재판상 담보공탁이 활용됩니다. 채권자, 채무자, 상소인 등 소송 당사자 외에도 제3자가 대신해 공탁하는 것도 인정됩니다.

(5) 재판상 담보공탁의 주요 종류

(가) 민사소송법상의 담보공탁

원고가 국내에 주소가 없거나 담보가 부족할 때, 피고의 소송비용을 담보하기 위해 공탁, 가집행 판결 시, 추후 판결이 취소되거나 변경될 경우 채무자가 입을 손해에 대비, 가집행 면제 선고 시, 승소채권자가 입을 손해에 대비 등이 이에 해당합니다.

(나) 민사집행법상의 담보공탁

집행정지 신청, 집행절차상의 이의 신청 등 집행법원 관련 사건에서 강제집행정지 또는 속행을 위한 담보공탁이 이에 해당합니다.

(다) 담보공탁금의 회수/지급

담보권리자는 판결 등 담보청구권 발생 사실을 증명하거나 공탁자의 동의를 받아 공탁금을 청구할 수 있습니다.

담보취소 결정이 확정되면 공탁물 회수청구서를 통해 공탁금의 회수가 가능합니다.

채권자가 가압류나 가처분 신청 시 법원은 상대방(채무자)이 받을 수
있는 손해에 대한 담보제공 명령을 내릴 수 있는데, 이 때 재판상 담
보공탁이 이행됩니다.

(라) 핵심용도

재판상 담보공탁은 법률상 소송 진행으로 상대방이 받을 수 있는 손
해에 대한 사전적 안전장치입니다. 이는 소송 남용을 방지하고, 상대
방 이익을 보호하기 위한 공공적 역할을 수행합니다.

(마) 손해 예방과 보상 확보

소송 행위나 법원의 처분 과정에서 상대방(담보권리자)이 입을 수 있는
잠재적 손해를 예방하거나 보전할 목적으로, 당사자에게 금전 등을 법
원에 공탁하도록 명령할 수 있습니다. 다시 말해 가압류나 가처분, 집
행정지 등과 같이 실체적 권리가 아직 확정되지 않은 상태에서 상대방
의 재산권을 제한하는 경우에, 향후 조치가 부당한 것으로 판명될 경
우 상대방의 손해에 신속히 보상할 수 있도록 담보공탁을 이용합니다.

(바) 소송 당사자 간의 형평성과 기본권 보호

한쪽의 소송 행위나 집행이 남용되어 상대방에게 과도한 피해를 주지
못하게 하고, 나아가 소송 남용이나 집행 지연을 방지하는 안전장치의
역할을 합니다. 이를 통해 공정한 절차 진행과 쌍방의 이익 균형이
구현됩니다.

(사) 강제집행 또는 보전처분의 잠정 효력 담보

일시적으로 이루어지는 강제집행이나 보전처분(가압류·가처분 등)의
공정성을 제고하고, 성급한 집행이 나중에 전면적으로 뒤집혀도 상대
방 보호가 확보되도록 설계되어 있습니다.

(아) 절차적 안정 및 거래 안전 강화

재판상 담보공탁 제도의 활용으로 법적 절차의 신뢰성이 높아지고, 분
쟁 당사자 모두가 법원의 결정을 신뢰하며 소송을 진행할 수 있는 환
경이 조성됩니다.

재판상 담보공탁은 아직 권리관계가 최종 확정되지 않은 상황에서 일어나기 쉬운 피해를 미리 방지하고, 법적 분쟁의 당사자(특히 상대방)의 법적 보호를 도모하며 소송의 남용을 방지하는 절차적 안전장치로서 핵심적인 역할을 합니다.

4. 재판상 담보공탁 방법

재판상 담보공탁 방법은 법원의 담보제공 명령을 받은 뒤 아래와 같은 절차로 진행됩니다.

(1) 담보제공 명령의 확인

법원(사건을 관할하는 지방법원 또는 지원)으로부터 담보제공 명령서를 받으면, 명령서에 기재된 공탁 금액, 담보 방법(현금/보증서 등), 공탁대상자(피공탁자 : 대부분 상대방 당사자)를 확인합니다.

(2) 공탁 방법 선택

(가) 현금공탁

법원이 정한 금액을 현금으로 준비합니다.

(나) 보증서공탁

보험사 등에서 발행하는 지급보증서를 이용할 수 있습니다. 보험사에서 보증보험 가입 후 보증보험증권을 발급받아 법원에 제출합니다.

(3) 공탁서 작성

공탁서 양식에 다음과 같은 내용을 기재하여야 합니다.

공탁자(신청인, 주로 채권자)의 인적사항(성명, 주민번호, 주소, 연락처). 피공탁자(상대방, 주로 채무자)의 인적사항, 공탁금액 법원이 명한 현금 등, 사건 정보 법원의 명칭, 사건 번호, 사건명, 공탁사유와 관련 법령(예를 들어 민사집행법 제280조 등), 납부은행 정보(현금일 경우 입금할 은행명)를 기재하여야 합니다.

(4) 공탁 접수 및 납입

법원 공탁소 또는 법원 전자공탁 사이트를 통해 공탁서를 제출하여야 합니다. 전자공탁의 경우, 계좌납입 안내를 받아 지정 계좌로 공탁금을 입금하여야 합니다. 서면 제출 시에는 공탁소 방문 후 직원의 안내에 따라 입금 절차 진행하여야 합니다.

(5) 공탁서 증명서 수령 및 제출

공탁이 완료되면, 공탁서의 사본(접수증 포함)을 법원에 제출합니다. 공탁서 원본은 이후 담보취소나 회수, 기타 출급 청구 등에서 필요하므로 반드시 잘 보관해야 합니다.

반드시 법원이 명한 정확한 금액과 방법을 따라야 하며, 인적사항(특히 피공탁자 정보)을 잘못 기재할 경우 공탁이 무효 처리될 수 있습니다.

법원을 통한 전자공탁은 시간과 절차상 더욱 간편합니다.

재판상 담보공탁은 담보제공 명령서 확인 ▷현금 또는 보증서 준비 ▷공탁서 작성 및 제출 ▷공탁금 납입 ▷증명서 수령 및 법원 제출의 순서로 진행합니다. 관할은 주로 보통 재판적이 있는 곳의 지방법원 공탁소입니다.

5. 담보취소자 차단단계 절차

재판상 담보공탁의 피공탁자가 담보권을 실행하는 방법 및 공탁관의 관련 업무처리지침을 규정하고 있습니다. 재판상 담보공탁의 피공탁자는 소송비용 또는 담보되는 손해에 관하여 담보물(공탁금회수청구권)에 대하여 질권자와 동일한 권리를 가지며, 담보권리자의 담보권 실행방법은 크게 ①직접 출급청구, ②질권실행을 위한 압류 등, ③담보취소에 기초한공탁금회수청구로 나눌 수 있습니다. 재판상 담보공탁은 담보권리자가 받게 될 손해를 담보하기 때문에 피공탁자가 담보권실행의 방법으로 공탁금 출급청구를 할 때에는 피담보채권이 발생하였음을 증명하는 서면을 제출하여야 합니다.

이러한 피담보채권 발생 증명서면에는 피담보채권에 관한 확정판결(이행, 확인판결 포함), 이에 준하는 화해조서, 조정조서, 공정증서 또는 공탁자의 동의서 등이 있습니다. 담보권리자가 공탁관에게 직접 출급을 신청하는 경우 공탁관으로서는 피공탁자가 금전 및 이에 대한 완제일까지의 지연손해금의 지급을 명한 확정판결을 제출하더라도 그 확정판결만으로는 손해배상채권에 해당하는지 여부, 피담보채권의 발생여부 및그 범위를 확정할 수 없을 뿐만 아니라, 이러한 확정판결은 피담보채권이 발생하였음을 입증하는 서면이 될 수는 있어도 피담보채권 자체를 증명하는 서면으로는 볼 수 없으므로 출급청구의 인가에 있어 신중을 기울여야 합니다.

담보공탁금 출급을 신청하는 경우 제출된 서면의 판단에 있어 공탁관의 각별한 주의가 필요하다는 것은 당사자들이 재판상 담보공탁금을 출급받기 위해 준비해야 할 서류뿐만 아니라 그 절차가 매우 복잡하고도 어려우므로 담보권 실행방법에 대한 법원의 적극적인 안내와 담보취소의 간이화가 더욱 절실하다고 바꿔 생각해 볼 수 있습니다. 일반 민사소송절차에서 소취하서에 피고의 동의 여부를 기재하는 것처럼, 당사자 간의 합의에 의해 보전처분이 취하되는 경우 현금이 담보로 제공된 사건의 취하신청서 상에 채무자의 취하 동의를 받는 방법이 있습니다.

이때 담보권포기에 대한 동의 문구를 그 취지와 함께 기재하여 보전처분의 취하와 동시에 담보취소결정이 이루어지도록 함으로써 합의에 의해 담보취소 절차를 간이화 한다면 담보공탁금에 대한 출급률을 높이는 데 일조할 수 있을 것입니다. 또한 채무자가 보전처분에 대한 이의나 취소결정, 손해배상채권 등에 의해 보전처분에 대한 집행취소를 신청하는 경우, 집행취소를 신청한 채무자에게 보전처분 담보공탁금에 대한 피공탁자로서 보전처분으로 인한 손해가 발생했다면 담보공탁금에 대한권리가 있음을 안내해주어어야 할 것입니다.

제2장 공탁신청절차

1. 당사자의 신청

공탁신청은 절차의 안정성과 공탁관의 형식적 심사라는 요청에서 법정서식의 공탁서를 작성하여 제출하여야 하는 요식행위입니다. 공탁은 건마다 별도의 공탁서를 작성하여 제출하는 것이 원칙이며 우편에 의한 공탁신청은 할 수 없으며 직접 관할공탁서를 방문하거나 금전공탁에 한하여 전자공탁시스템을 이용하여 전자문서로 신청할 수 있습니다(규칙 제69조).

다만 전자공탁시스템을 이용하려는 자는 신청 전에 대법원예규로 정하는 전자서명을 위한 인증서를 사용하여 사용자등록을 하여야 합니다(규칙 제70조). 각 공탁서에는 소정의 사항을 적고 공탁자가 기명날인을 하여야 하며(규칙 제20조), 공탁자가 법인인 경우에는 대표자 또는 관리인의 자격을 증명하는 서면을, 법인 아닌 사단이나 재단일 경우에는 정관이나 규약, 대표자 또는 관리인의 자격을 증명하는 서면을, 대리인이 공탁하는 경우에는 대리인의 권한을 증명하는 서면을, 변제공탁을 하는 경우에 피공탁자의 주소를 표시하는 때에는 그 주소를 소명하는 서면을, 주소가 불명인 경우에는 이를 소명하는 서면을 각 첨부하여야 합니다(규칙 제21조).

그러나 같은 사람이 동시에 같은 공탁법원에 여러 건의 공탁을 하는 경우에 첨부서면의 내용이 같을 때에는 1건의 공탁서에 1통만을 첨부하되 다른 공탁서에 그 뜻을 적어야 합니다(규칙 제11조).

2. 공탁관의 심사

공탁관이 공탁신청서류를 접수한 때에는 상당한 사유가 없는 한 지체 없이 모든 사항을 조사하여 신속하게 처리하여야 합니다(규칙 제25조). 공탁관은 공탁당사자의 공탁신청이나 지급청구에 대하여 그것이 절차상·실체상 모든 법률적 요건을 구비하고 있는지 여부를 심사합니다.

심사방법은 공탁관계 법령이 규정하는 공탁서 또는 지급청구서 등과 첨부서면 만에 의하여 심사하는 형식적 심사주의에 의합니다.

가. 공탁의 수리

형식적 심사 결과 공탁신청을 수리할 경우에는 공탁을 수리한다는 뜻, 공탁번호,공탁물 납입기일, 납입기일까지 공탁물을 납입하지 않을 경우에는 수리결정의 효력이상실된다는 뜻을 적고 기명날인한 다음 공탁서 1통을 공탁자에게 내주어 공탁물을 공탁물보관자(통상'은행'이 이에 해당합니)에게 납입하게 하여야 합니다(규칙 제26조 제1항).

또한 주요사항을 전산에 등록하고 공탁물보관자에게 그 내용을 전송하여야 합니다. 다만 물품공탁의 경우에는 공탁물보관자에게 전송하는 대신 공탁자에게 공탁물품납입서 1통을 주어야 합니다(규칙 제26조 제2항).

나. 공탁의 불수리

공탁관이 심사 결과 공탁신청이나 공탁물 출급·회수청구를 불수리할 경우에는「공탁신청 및 출급·회수에 대한 불수리결정 업무처리지침」(행정예규 제1013호)에 의하여 이유를 적은 결정으로 하여야 하며(규칙 제48조), 그 등본은 신청인에게 교부하거나 배달증명우편으로 송달하여야 합니다(위 예규 제3조).

3. 공탁물의 납입

공탁관이 공탁을 수리할 때에 내어주는 공탁서를 교부받은 공탁자는 공탁물보관자에게 납입기일까지 공탁물을 납입하여야 합니다. 공탁관은 금전공탁에서 공탁자가 자기의 비용으로 계좌납입을 신청한 경우 공탁금보관자에게 가상계좌번호를 요청하여 그 계좌로 공탁금을 납입하게 하여야 합니다(규칙 제28조 제1항).

공탁물보관자가 공탁물을 납입 받은 때에는 공탁서에 공탁물을 납입 받았다는 뜻을 적어 공탁자에게 내주고 그 납입사실을 공탁관에게 전송하여야 하며, 물품을 납입 받은 경우에는 공탁물품납입통지서를 보내야 합니다(규칙 제27조).

공탁관에게 납입사실이 전송되면 공탁관은 공탁서에 납입되었다는 뜻을 적어 공탁자에게 내주거나 배달증명우편으로 보내야 합니다(규칙 제28조 제3항).

공탁이 유효하게 성립하는 시기는 공탁관의 신청 수리 시가 아니라 공탁자가 공탁물을 공탁물보관자에게 납입한 때입니다. 공탁자가 지정된 납입기일까지 공탁물을 납입하지 않을 때 공탁수리결정은 그 효력을 상실합니다(규칙 제26조 제3항).

4. 그 외 절차

가. 공탁서의 정정

공탁신청이 수리된 후 공탁서의 착오 기재를 발견한 공탁자는 공탁의 동일성을 해하지 아니하는 범위 내에서 공탁서 정정신청을 할 수 있습니다(규칙 제30조 제1항).

공탁관이 공탁서 정정신청을 수리한 때에는 공탁서 정정신청서에 그 뜻을 적고 기명 날인한 후 신청인에게 내어주는데 수리의 뜻이 적힌 공탁서 정정신청서는 공탁서의 일부로 본니다(규칙 제30조 제4항 및 제5항).

그러나 공탁의 동일성을 해하는 공탁자 또는 피공탁자의 변경, 공탁원인이나 반대급부 조건의 추가, 공탁물을 변경하는 경우에는 공탁서 정정이 허용되지 아니 합니다.

나. 공탁통지서의 발송

변제공탁에 있어 특유한 제도인 공탁통지제도는 변제공탁의 피공탁자에게 변제공탁사실을 알려 공탁물출급청구권을 행사하도록 하기 위해 공탁자가 지체 없이 채권자(피공탁자)에게 공탁통지를 하도록 규정하고 있으나(민법 제488조 제3항), 공탁 실무상으로는 공탁자가 아닌 공탁관이 공탁물납입 사실의 전송을 받은 이후 공탁자가 제출한 공탁통지서를 대신 발송하도록 하고 있습니다(규칙 제29조 제1항).

다. 공탁서의 활용

공탁소에서는 공탁사실에 관하여 통지할 의무가 없으므로 공탁자가 그 필요에 따라 공탁서를 활용하여야 합니다. 특히, 형사사건에 관한 변제공탁의 경우에 해당 수사기관이나 법원 재판부에 공탁서를 제출하여 정상참작의 자료로 활용될 수 있도록 공탁자가 이를 직접 제출하여야하므로 이를 공탁소에서 안내해줄 필요가 있습니다.

제3장 공탁물 지급절차

　공탁이 성립되면 피공탁자에게는 출급청구권이, 공탁자에게는 회수청구권이 각각 독립하여 발생하므로, 공탁물의 지급절차는 피공탁자가 공탁물을 찾아가는 출급절차와 공탁자가 해당 공탁물을 다시 찾아가는 회수절차로 나뉘게 됩니다. 공탁물의 출급절차란 공탁이 성립한 후 공탁 본래의 목적에 따라 피공탁자의 청구에 의하여 공탁물을 지급하는 절차입니다. 공탁물의 회수절차란 법 제9조 제2항에 따라 공탁물에 대한 회수권을 가지는 자의 청구에 의해 공탁물을 되돌려주는 절차입니다.

1. 당사자의 지급청구

　공탁물을 출급·회수하려는 사람은 공탁관에게 공탁물 출급·회수청구서 2통을 제출하여야 합니다(규칙 제32조 제1항). 공탁물 출급·회수청구서는「공탁사무 문서양식에 관한 예규」(행정예규 제1235호) 양식 중 별지 제8-1, 2, 3호로 정하여져 있습니다.

　위 청구서에는 공탁번호, 공탁물, 청구사유, 이자의 지급을 동시에 받으려는 경우 그 뜻, 청구인의 인적사항, 권리승계인인 경우 그 뜻, 규칙 제41조 제1항이나 제2항에 따른 경우에 그 서류를 첨부한 뜻, 공탁법원, 연월일을 적고 청구인이 기명날인하여야 합니다(규칙 제32조 제2항).

　공탁물을 출급하려는 사람은 공탁통지서, 출급청구권이 있음을 증명하는 서면, 반대급부를 하여야 할 때는 법 제10조에 따른 증명서류를 첨부서면으로 제출하여야 합니다(규칙 제33조).

　공탁물을 회수하려고 하는 사람은 공탁물 회수청구서에 공탁서, 회수청구권이 있음을 증명하는 서면을 첨부하여야 합니다(규칙 제34조). 공탁물을 출급·회수하려는 사람은 공탁물 출급·회수청구서 또는 위임에 따른 대리인의 권한을 증명하는 서면에 찍힌 인감에 관하여 인감증명법 제12조와 상업등기법 제16조에 따라 발행한 인감증명서273)를 제출하여야 합니다(규칙 제37조 제1항). 그 외 자격증명서와 주소 등 연결서면, 승계사실 증명서면 등이 필요합니다.

2. 공탁관의 심사

공탁관이 공탁물 출급·회수청구서류를 접수한 때에는 상당한 사유가 없는 한 지체 없이 모든 사항을 조사하여 신속하게 처리하여야 합니다(규칙 제39조 제1항). 공탁물의 지급청구를 받은 공탁관은 그 청구서와 첨부서면에 의하여 해당 청구가 적법한 것인가를 심사합니다. 이 경우 심사범위는 청구서가 소정서식과 기재사항에 의하여 적법하게 작성되었는가, 첨부서류는 완비되었는가, 청구서와 첨부서류가 상호 부합하는 가 등 형식적인 면뿐만 아니라, 청구서의 청구사유 기재와 첨부서류의 기재내용으로 보아 해당 청구자가 실체 상 청구권이 있는 자인가, 반대급부 조건부 변제공탁에 있어서는 그 조건이 이행되었는 가 등 실체적인 면에도 미칩니다.

또한 공탁기록을 확인하여 처분 또는 지급제한, 소멸시효완성 여부 등도 확인합니다. 특히 공탁금의 부실지급을 방지하기 위해「장기미제 공탁사건 등의 공탁금 지급시 유의사항」(행정예규 제1154호)에 규정된 장기미제 공탁사건, 고액공탁사건, 이자만 남아있는 공탁사건, 토지수용보상금 절대적불확지공탁사건의 경우 그 공탁금이 1천만 원 이상이고 공탁일로부터 만 3년이 경과한 공탁사건(이후'장기미제 공탁사건 등'이라 합니다)은 심사에 있어 주의를 요합니다.

이러한 장기미제 공탁사건 등의 출급 또는 회수청구가 있는 경우에는 인가 전 소속과장 등의 결재를 얻어야 하며 열람 및 사실증명 청구가 있는 경우에도 신분 확인 등을 철저히 하여야 합니다.

가. 지급청구의 인가

공탁관은 심사결과 청구가 이유 있다고 인정할 때에는 청구서에 인가의 뜻을 적어 기명날인하고 전산등록을 한 다음 청구서 1통을 청구인에게 내주며 청구서 수령인을 받고, 공탁물보관자에게는 그 내용을 전송하여야 합니다(규칙 제39조 제2항 및 제3항).

나. 지급청구의 불수리

공탁관이 출급·회수청구를 불수리할 경우에는 이유를 적은 결정으로 하여
야 합니다(규칙 제48조 제1항). 또한 공탁신청 불수리의 경우와 마찬가지
로 불수리결정등본을 교부 또는 송달하여야 합니다.

3. 공탁물의 지급

공탁물보관자는 출급·회수청구가 있는 때에는 공탁관이 전송한 내용과 대조하
여 청구한 공탁물과 그 이자나 이표를 청구인에게 지급하고 그 청구서에 수
령인을 받습니다(규칙 제45조). 공탁물보관자는 공탁물을 지급한 후에 지급사
실을 공탁관에게 전송합니다.

다만 물품공탁의 경우 지급결과통지서에 지급한 내용을 적어 공탁관에게 보
냅니다(규칙 제46조). 공탁금의 예금계좌 입금신청 등이 있어 공탁관으로부터
계좌입금지시를 받은 공탁물보관자는 그 처리결과를 공탁관에게 즉시 전송하
여야 합니다(규칙 제40조 제4항). 공탁물의 지급으로 공탁관계는 종료됩니다.

따라서 일단 공탁관의 공탁금 출급인가처분이 있고 그에 따라 공탁금이 출급
되었다면 설사 이를 출급받은 자가 진정한 출급청구권자가 아니라 하더라도
공탁사무를 관장하는 국가를 상대로 하여 민사소송으로 그 공탁금의 지급을
구할 수는 없습니다.

4. 그 외 절차

가. 일부 지급

공탁물의 일부를 지급하는 경우에는 공탁관은 청구인이 제출한 공탁통지
서나 공탁서에 지급을 인가한 공탁물의 내용을 적고 기명날인한 후 청구
인에게 반환하여야 하며, 이 경우 청구서의 여백에 반환한 뜻을 적고 수
령인을 받아야 합니다(규칙 제42조).

나. 배당 등에 따른 지급

배당이나 그 밖에 관공서 결정에 따라 공탁물을 지급하는 경우 해당 관공서는 공탁관에게 지급위탁서를 보내고 지급을 받을 자에게는 그 자격에 관한 증명서를 주어야 합니다(규칙 제43조).

다. 공탁금 지급 관련 서류

공탁관은 공탁수락서, 공탁유효의 확정판결등본 또는 공탁물 출급·회수청구권에 관한 가처분, 가압류, 압류, 전부 또는 추심, 압류취소 각 명령서, 그 밖에 이전 또는 처분제한의 서면을 받은 때에는 그 서면에 접수연월일, 시, 분을 적고 기명날인하여야 합니다. 또한 그 내용을 해당 기록표지에 적은 다음 원장에 등록하여야 합니다(규칙 제44조).

라. 포괄계좌입금 신청

포괄계좌입금 신청은 지급절차의 간소화를 위하여 신청인과 관련된 해당 법원의 모든 공탁사건에 관하여 공탁금을 자신의 예금계좌에 입금하여 줄 것을 신청하는 것입니다. 포괄계좌가 등록된 경우 그 신청이 해지되기 전까지는 해당 법원의 공탁사건에서 계속적으로 같은 예금계좌를 이용할 수 있습니다. 전국 공통 포괄계좌입금 신청은 일반 포괄계좌입금 신청의 범위가 전국 모든 법원의 공탁사건으로 확대된 것으로서 현재는 국가와 지방자치단체에 한하여 적용되고 있습니다.

제4장 공탁관의 처분의 대한 이의

1. 대상

가. 공탁관의 처분

공탁관의 처분에는 '수리, 인가, 불수리' 등이 있습니다. 실무상으로는 불수리처분에 대한 이의신청이 대부분이지만 수리처분에 대해서도 이의가 가능한지에 대해서는 견해가 나뉩니다. 최근의 선례에서는 이의신청의 대상이 되는 공탁관의 처분이란 공탁신청이나 공탁물지급청구권에 대한 공탁관의 불수리처분만을 의미하고 공탁관의 수리, 인가처분은 그 대상에 포함되지 않는다고 보고 있습니다(선례 제201112-1호).

나. 공탁관의 불수리 처분

공탁관이 불수리할 수 있는 대상이 되는 것은 구체적인 명문규정은 없으나, 공탁의 신청·출급·회수 이외에도 공탁서의 정정, 열람 및 사실증명신청 등의 부수적인 처분도 불수리의 대상이 된다고 해석됩니다. 공탁관이 공탁신청이나 출급·회수청구를 불수리할 경우에는 이유를 적은 결정으로 하여야 하며(규칙 제48조 제1항), 불수리처분의 업무와 관련하여서는「공탁 신청 및 출급·회수에 대한 불수리결정 업무처리지침」(행정예규 제1013호)이 마련되어 불수리하는 경우의 업무처리절차를 규정하고 있습니다.

불수리를 할 때에는 양식에 따라 이유를 적은 결정으로 하여야 하며(위 예규 제2조 제1항), 불수리결정을 한 경우 공탁관은 신청인이나 청구인에게 불수리결정등본을 교부하거나 배달증명우편으로 송달합니다(위 예규 제3조 제1항).

2. 절차

가. 이의신청서의 제출

공탁관의 처분에 불복하는 자는 관할지방법원에 이의신청을 할 수 있으며, 이는 공탁소에 이의신청서를 제출함으로써 하여야 합니다(법 제12조). 이의신청은 실익이 있는 한 기간의 제한 없이 언제든지 할 수 있습니다. 이러한 절차 없이 곧바로 국가를 상대로 민사소송으로 공탁금지급청구를 함은 허용되지 않습니다.

공탁관은 이의신청이 이유 있다고 인정하면 신청의 취지에 따르는 처분을 하고 그 내용을 이의신청인에게 알려야 하며, 이유 없다고 인정하면 이의신청서를 받은 날부터 5일 이내에 이의신청서에 의견을 첨부하여 관할 지방법원에 송부하여야 합니다(법 제13조).

나. 법원의 결정

관할 지방법원은 이의신청에 대하여 이유를 붙인 결정으로써 하며 공탁관과 이의신청인에게 결정문을 송부하여야 합니다. 이 경우 이의가 이유 있다고 인정하면 공탁관에게 상당한 처분을 할 것을 명하여야 합니다(법 제14조 제1항).

공탁관의 불수리결정이 부당한 것인가의 여부는 공탁관의 형식적 심사권을 전제로 하여 불수리처분의 시점을 기준으로 판단하여야 하며, 사후의 자료나 주장은 고려할 사항이 아닙니다.

다. 결정 후 업무처리

불수리결정의 이의신청에 대하여 관할지방법원이 법 제14조 제1항에 따라 결정문을 송부한 때에는 이를 공탁기록에 철하고, 이의가 이유 있다고 인정하여 공탁관에게상당한 처분을 할 것을 명한 경우에 공탁관은 관할법원의 명령에 따른 처분(수리, 인가)을 합니다(위 예규 제6조 제1항 및 제2항). 관할법원이 이의신청을 기각하거나 각하한 때에는 별도의 조치 없이 기각·각하결정이 있는 다음 해부터 5년간 공탁기록을 보존합니다(위 예규 제7조).

3. 항고, 재항고

　이의신청인은 관할 지방법원의 결정에 대하여 비송사건절차법에 따라 항고할 수 있습니다(법 제14조 제2항). 항고법원의 재판은 이유를 붙여야 하며(비송사건절차법 제22조), 위 결정에 대하여는 재판에 영향을 미친 헌법, 법률, 법령 또는 규칙의 위반을 이유로 드는 때에만 대법원에 재항고할 수 있습니다(민사소송법 제442조).

제5장 공탁사유신고

1. 개념과 필요성

공탁사실만으로는 집행법원이 배당절차가 진행되어야 한다는 사실을 알 수 없으므로, 공탁한 당사자나 공탁금을 보관하고 있는 공탁관으로부터 배당절차를 통하여 배당되어야 될 돈이 공탁되었으므로 집행법원이 배당절차를 진행하라는 사유신고가 있어야만 집행법원으로서는 배당절차를 개시할 수 있게 됩니다. 이와 같이 집행법원에 배당을 실시해야 할 돈이 공탁되었다는 사실을 알리는 것이 공탁사유신고입니다.

집행공탁이 되어 배당을 받아야 할 채권자에게 정지조건 또는 불확정기한이 있는 등 배당금을 즉시 지급할 수 없는 경우에는 별도의 배당절차 없이 정지조건 등이 성취되면 이를 입증하고 채권자가 직접 배당금을 수령할 수 있으나, 제3채무자가 압류경합 등을 이유로 집행공탁을 한 경우에는 배당절차를 통해 채권자들에게 배당이 되어야하므로 공탁을 한 이후에 집행법원에 사유신고를 하여야 합니다.

2. 공탁사유신고의 성격과 효력

제3채무자의 집행공탁 후 사유신고서의 제출은 제3채무자에게 생기는 절차상의 협력의무의 성격을 가지고 있고, 법원에 대하여 특정행위를 요구하는 신청이라는 성격을 가지고 있지 않기 때문에 공탁사유신고가 잘못된 경우에는 각하결정을 할 것이 아니라 불수리결정을 하여야 합니다.

사유신고가 있을 때 비로소 배당요구의 종기에 이르게 되고(민사집행법 제247조 제1항), 배당가입차단효가 발생합니다. 배당가입차단효는 특정채권의 채권자로서 배당절차 등에 참여하여 공탁금을 배당받을 수 있는 채권자의 가입이 더 이상 불가능하게 되는, 채권자의 범위확정 효력을 말합니다.

집행공탁이 된 금전에 대하여 배당가입의 차단효가 발생하지 않는다면 그 공탁금을 대상으로 한 배당절차는 개시될 수 없고 또한 개시해서도 안 됩니다. 다시 말해 배당가입차단효의 발생으로 인해 배당절차 개시를 위한 채권자의 범위가 확정되는데 민사집행법 제247조 제1항 제1호 내지 제3호는 공탁사유신고 시를 배당요구의 종기로 보고 있으며 그 이후에 다른 채권자들은 배당참가를 할 수 없습니다.

민사집행법이 압류채권자 이외의 채권자가 배당요구의 방법으로 채권에 대한 강제집행절차에 참가하여 압류채권자와 평등하게 자기 채권의 변제를 받는 것을 허용하면서도, 다른 한편으로 그 배당요구의 종기를 제3채무자의 공탁사유신고 시까지로 제한하고 있는 이유는, 제3채무자가 채무액을 공탁하고 그 사유신고를 마치면 배당할 금액이 판명되어 배당절차를 개시할 수 있게 되므로 늦어도 그때까지는 배당요구가 마쳐져야 배당절차의 혼란과 지연을 막을 수 있다고 보기 때문입니다.

금전채권의 일부만이 압류되었음에도 제3채무자가 민사집행법 제248조 제1항에 의하여 그 채권 전액을 공탁하고 공탁사유신고를 한 경우에 압류의 효력이 미치는 금전채권액은 집행공탁으로 보아야 하나, 압류금액을 초과하는 부분은 압류의 효력이 미치지 않는 변제공탁에 해당하므로 변제공탁 부분에 대해서는 배당가입차단효가 발생할여지가 없습니다.

3. 공탁사유신고의 주체에 따른 유형

집행법원은 공탁사유신고가 있어야 배당절차를 개시할 수 있고, 배당가입차단효가 발생하는 공탁사유신고 시까지 배당요구를 한 채권자들만을 상대로 배당절차에 들어갈 수 있습니다. 공탁사유신고는 크게 ①제3채무자가 민사집행법 제248조 제4항에 따라 공탁사유신고하는 경우, ②민사집행법 제236조 제2항에 의한 추심한 금액을 공탁사유신고하는 경우, ③민사집행법 제222조 제3항에 따라 집행관이 유체동산 매각대금의 협의배당에 실패하여 직접 배당을 할 수 없어 유체동산의 매각대금을 공탁사유신고하는 경우로 나뉘며, 민법·상

법, 그 밖의 법률에 의하여 우선변제청구권이 있는 채권자와 집행력 있는 정
본을 가진 채권자는 공탁사유신고 시까지 배당요구를 할 수 있습ㅂ니다(민사
집행법제247조 제1항).

반면, 제3채무자의 가압류에 기한 민사집행법 제291조 및 제248조 제1항에
의한 공탁은 사유신고 대상이 아닙니다. 보전처분인 가압류 자체만으로는 배
당가입차단효가 생기지 않으며 배당절차도 개시되지 않는데, 제3채무자가 공
탁 후 서면으로 가압류발령법원에 그 사유를 신고하는 서면신고는 가압류 발
령법원에 공탁사실을 알려주는 의미밖에 없습니다.

이러한 가압류에 기한 공탁은 이후 다른 압류채권자로 인한 압류의 경합이
발생하거나 가압류채권자가 본 압류로 이전하는 채권압류 및 추심·전부명령을
받았을 때 민사집행법 제248조에 근거한 공탁관에 의한 사유신고로 배당절차
를 개시하게 됩니다.

가. 제3채무자의 공탁사유신고

금전채권에 대하여 압류가 있는 경우에 제3채무자가 하는 공탁은 민사집
행법 제248조 제1항에 의한 권리공탁, 같은 조 제2항 및 제3항에 의한
의무공탁, 같은 법 제297조에 의한 채권가압류의 경우에 하는 공탁으로
나뉩니다. 이와 같이 제3채무자가 채무액을 공탁한 때에는 그 사유를 법
원에 신고하여야하며, 상당한 기간 이내에 신고가 없는 때에는 압류채권
자, 가압류채권자, 배당에 참가한 채권자, 채무자, 그 밖의 이해관계인이
그 사유를 법원에 신고할 수 있습니다(민사집행법 제248조 제4항).

이러한 제3채무자에 의한 공탁은 권리공탁이든 의무공탁이든 구분 없이
그 사유를 집행법원에 신고하여야 하나 가압류를 원인으로 한 민사집행법
제291조 및 제248조 제1항에 의한 공탁의 경우에는 사유신고의 대상이
아니며, 일정사유 발생 시 공탁관에 의한 사유신고 대상에 해당합니다.

(1) 민사집행법 제248조 제1항(권리공탁)

제3채무자는 압류에 관련된 금전채권 전액을 공탁할 수 있는데, 채권

이 압류되어 채권자의 경합이 없더라도 제3채무자는 선택에 따라 압류채권 상당액 또는 전액을 공탁하여 채무에서 벗어날 수 있습니다. 해당 압류채권 상당액을 공탁한 경우에는 사유신고를 하여야 하며, 채권 일부를 압류했으나 채권 전액을 공탁한 경우에 압류된 부분은 집행공탁, 나머지 부분은 변제공탁이 되므로 그중 집행공탁에 해당한 부분은 사유신고 대상이 됩니다. 「제3채무자의 권리공탁에 관한 업무처리절차」(행정예규 제1018호)에 의하면 제3채무자는 금채권의 일부에 대하여 압류가 있는 경우에는 그 일부액 또는 전액을 공탁할 수 있으며, 집행공탁 후 집행법원에 사유신고 하여야 합니다.

제3채무자가 금전채권액 전액을 공탁한 경우 공탁금 중에서 압류의 효력이 미치는 부분에 대해서는 지급위탁에 의하여 공탁금의 출급을 청구할 수 있고, 압류의 효력이 미치지 않는 부분에 대해서는 변제공탁의 예에 따릅니다. 또한 금전채권 전부에 대하여 압류가 있거나 압류의 경합이 있는 경우에는 전형적인 집행공탁에 해당하므로 제248조 제1항에 의해 그 전액을 공탁할 수 있습니다.

(2) 민사집행법 제248조 제2항 및 제3항(의무공탁)

금전채권에 관하여 배당요구서를 송달받은 제3채무자는 배당에 참가한 채권자(배당요구와 동일한 효력이 있는 중복압류채권자, 교부청구채권자 포함합니다)의 청구가 있으면 압류된 부분에 해당하는 금액을 의무적으로 공탁하여야 하며(민사집행법 제248조제2항), 금전채권 중 압류되지 아니한 부분을 초과하여 거듭 압류명령 또는 가압류명령이 내려져 그 명령을 송달받은 경우에 압류채권자나 가압류채권자의 청구가 있으면 그 채권의 전액에 해당하는 금액을 공탁하여야 합니다(민사집행법 제248조 제3항). 의무적공탁이므로 이 경우 제3채무자가 추심채권자에게 변제한 경우에는 공탁을 청구한 채권자에 대한 관계에서 채무의 소멸을 주장할 수 없습니다. 이러한 의무공탁은 채권자의 경합만으로 공탁의무가 발생하는 것은 아니고 배당받을 채권자 등의 청구가 있어야만 공탁의 의무가 발생합니다. 전형적인 집행공탁에

해당하므로 공탁한 후 민사집행법 제248조 제4항에 의해 집행법원에
사유신고를 하여야 합니다.

(3) 혼합공탁

혼합공탁은 집행공탁의 일면을 가지고 있기 때문에 제3채무자는 공탁
한 후에 민사집행법 제248조 제4항에 의해 집행법원에 사유신고를
하여야 합니다. 그러나 제3채무자가 혼합공탁을 하면서 집행법원에
하는 사유신고는 결국 혼합공탁 중 집행공탁 부분에만 해당되므로,
가압류와 채권양도 등을 원인으로 하는 변제공탁 부분에 대해서 하는
사유신고는 '공탁신고'에 해당될 뿐입니다.

만일 채권양도에 관한 유·무효가 확정되는 등 혼합공탁의 사유가 해소
되면 채권양도가 무효일 경우에는 사유신고에 따라 그대로 배당절차를
진행하게 되고, 채권양도가 유효일 경우에는 변제공탁 부분만 유효해져
집행공탁 부분은 정지조건의 불성취로 인해 사유신고가 불수리되어야
합니다. 혼합공탁은 공탁의 원인 사실과 근거 법령이 서로 다른, 실질
적으로 두 개 이상의 공탁을 공탁자의 이익 보호(특히 이중지급 위험
방지)를 위하여 하나의 공탁 절차로 이루어지는 공탁을 말합니다.

1. 주요 특징과 요건

혼합공탁은 주로 변제공탁(민법 제487조)과 집행공탁(민사집행법 제
248조 등)이 경합하는 경우에 활용됩니다. 다시 말해 특정 채권에 대
해 채권양도 통지가 있었으나 그 효력에 다툼이 있거나, 이후 해당 채
권에 대해 가압류·압류 결정이 내려져 채무자가 누구에게 변제해야 할
지 알 수 없을 때 제3채무자(공탁자)가 면책을 위해 하나의 공탁에 변
제공탁과 집행공탁을 병합해서 진행하게 됩니다.

2. 혼합공탁의 필요조건

채권자불확지 사유 등으로 변제공탁 요건이 성립해야 하고, 압류·가압류
등의 집행공탁 사유도 동시에 존재해야 합니다. 단순히 채권양도와 가압
류·압류가 있다는 사실만으로는 부족하며, 채권자불확지 등 추가적 사
정이 있어야 혼합공탁이 가능하다는 점에 유의해야 합니다.

3. 혼합공탁의 절차

공탁서애는 피공탁자란에"양도인(집행채무자) 또는 양수인"을 피공탁자로 기재하여야 합니다. 집행채권자(압류·가압류 채권자)는 피공탁자에 기재하지 않고, 공탁원인 사실란에 압류·가압류 결정 사실을 구체적으로 가재합니다.

실무적으로는 혼합공탁은 변제공탁 요건에 따라 채권자 주소지 관할 공탁소에 공탁하여야 합니다.

4. 혼합공탁의 효력

변제공탁과 관련한 채권양수인, 집행공탁과 관련한 압류채권자 각각에 대해 해당 공탁으로서 효력이 발생합니다. 출급 청구에 대해서는 각각 관련 법률에 따라 다르게 적용이 됩니다.

5. 혼합공탁 해소와 해소문서

혼합공탁을 해소(공탁금 출급)하기 위해서는"혼합해소문서"가 필요합니다. 이는 공탁금 출급청구권이 누구에게 귀속되는지(예를 들어 양수인, 양도인, 압류채권자 등)를 증명하는 서면 자료를 말합니다. 주로 확정판결문, 인감증명서를 첨부한 동의서 등이 활용되고 있습니다.

공탁금 출급 청구자(예를 들어 양수인)는 다른 피공탁자 및 집행채권자에 대하여 모두 자신이 출급청구권을 가진다는 점을 입증해야만 공탁금을 수령할 수가 있습니다.

6. 혼합공탁 시 유의사항

혼합공탁의 절차나 요건 중 하나라도 갖추지 못하면 전부 무효가 될 수 있으니, 공탁 요건을 철저히 확인하여야 합니다.

실질적으로 분쟁을 일거에 해결하기 위해 소송, 화해조서, 동의서 등 적합한 혼합해소문서의 준비가 필수적이라 할 수 있습니다.

그래서 혼합공탁은 공탁원인사실 및 공탁근거법령이 다른 실질상 두 개 이상의 공탁을 이중지급의 위험 방지 등 공탁자의 이익보호를 위하여 하나의 절차로 하는 공탁을 의미합니다.

혼합공탁은 변제공탁과 집행공탁이 함께 필요할 때 공탁자가 채무불이행이나 이중지급의 위험에서 벗어나기 위해 활용하는 중요한 절차이며, 사전에 엄격한 요건 파악과 혼합해소문서 준비가 가장 중요합니다.

(1) 어떤 상황에서 혼합공탁을 사용하는 지

    (가) 채권양도와 압류 또는 가압류가 동시에 존재할 때

        예를 들어, A가 B에게 돈을 빌렸고, 이후에 B가 이 채권을 C에게 양도했다고 채권양도통지했습니다. 그런데 그 채권에 대해 또 다른 채권자 D가 법원에서 압류명령(또는 가압류명령)을 받아냈다면, 실제로 누가 진정한 채권자인지(양수인 C 또는 압류채권자 D) 명확하지 않은 상태가 됩니다. 이런 경우, A(제3채무자)는 누구에게 돈을 주어야 할지 몰라 이중지급의 위험에 처하게 되므로, 변제공탁(민법 제487조) 사유와 집행공탁(민사집행법 제248조) 사유가 함께 발생한 경우 혼합공탁이 허용됩니다.

    (나) 채권자의 불확지와 집행공탁 사유가 동시에 성립한 경우

        예컨대, 채권양도 통지 자체에 효력 다툼이나 철회 등이 있으면서, 동시에 해당 채권에 대해 압류·가압류 명령이 내려진 복합적 상황에서 주로 혼합공탁이 사용됩니다.

    (다) 채권관계의 권리귀속이 확정되지 않아 이중지급 위험이 있는 경우

        위와 같이 다수의 채권자가 각자 권리를 주장할 때(양수인, 양도인, 가압류채권자 등), 한 번의 혼합공탁으로 분쟁이 확정될 때까지 지급 책임을 피할 수 있습니다.

(2) 어떤 이익을 보호하는 지

    (가) 제3채무자의 이중지급 위험 보호

        제3채무자가 서로 다른 채권자에게 동일한 채권 금을 두 번 지급해야 할 위험(이중지급 위험)을 방지합니다. 혼합공탁은 한 번의 공탁으로 모든 권리자에 대한 책임을 면할 수 있게 됩니다.

    (나) 채무이행지체 등의 위험 회피

권리귀속이 확정되지 않아 채권자들 간에 분쟁이 있는 동안 제
때 변제를 못 하면 지체책임(이자 추가 부담 등)이 발생할 수
있는데, 혼합공탁을 하면 그 책임에서도 벗어날 수가 있습니다.

(다) 공탁자의 법적 보호와 면책

변제공탁의 효력(채권확정 전까지 면책)과 집행공탁의 효력
(실질적 채권자 결정 전까지 배당 등의 편익)을 동시에 인정
받아 불확정적 위험 상태에서 공탁자가 법적으로 보호됩니다.
혼합공탁은 그 집행공탁의 측면에서 보면 공탁자가 피공탁자
들에 대하여는 물론 가압류채권자를 포함하여 그 집행채권자
에 대해서도 채무로부터의 해방을 인정받고자 할 때 제3채무
자에게 이중지급의 위험을 부담시키지 않고 1회의 공탁에 의
하여 면책의 효과를 주장할 수 있는 공탁이 공탁실무상 인정
되고 있는데 혼합공탁은 권리 귀속이 불명확한 복수의 이해관
계자들 사이에서 공탁자가 이중지급이나 별도의 불이익을 당
할 위험을 방지하는 유효한 절차라고 이해하시면 되겠습니다.

7. 혼합공탁 방법

(가) 혼합공탁 사유 검토

혼합공탁은 채권자불확지에 의한 변제공탁 사유와 압류·가압류 등
집행공탁 사유가 동시에 존재할 때만 허용됩니다. 단순히 채권양
도와 압류가 경합하는 사정만으로는 불가합니다. 채권자불확지는
채권의 귀속에 다툼이 있어 채무자가 선의로 누구에게 지급해야
할지 알 수 없는 객관적 사정이 있을 때 입니다.

(나) 공탁서 작성

(1) 피공탁자란 기재

공탁서에는 '양도인(집행채무자) 또는 양수인'을 피공탁자로 명
시합니다. 가압류·압류채권자는 피공탁자란에 포함하지 않고,
공탁원인사실란에 가압류·압류가 있었던 구체적 사실을 상세
히 적어야 합니다.

(2) 공탁근거 법령

민법 제487조(변제공탁)와 민사집행법 제248조(집행공탁) 등
을 병기합니다.

(3) 공탁관할

혼합공탁은 변제공탁의 성격에 따라 원칙적으로 피공탁자인
채권자의 주소지 공탁소에 신청합니다.

(4) 공탁신청 및 통지

전자공탁시스템(공탁계) 또는 방문 접수로 진행할 수 있습니다.
변제공탁 해당 부분에 대해서는 피공탁자(양도인, 양수인) 통
지서를 각 인원수만큼 작성·첨부합니다.
집행공탁 해당 부분은 집행법원에 '사유신고'를 하여야 하며,
이는 집행공탁에서 요구하는 신고와 동일하게 적용됩니다.

(5) 공탁금 납부

혼합공탁 금액(채권 총액 등) 납부. 금전채권인 경우가 일반
적입니다.

(6) 집행법원 신고

공탁 후 즉시 집행법원에 사유신고를 합니다.
집행법원은 채권의 귀속이 확정되지 않으면 이후 절차를 정
지 후, '혼합해소문서'가 제출될 때까지 기다립니다.

(7) 혼합공탁 해소(출급) 및 혼합해소문서

출급청구권을 가진 자(예를 들어 양수인, 압류채권자 등)는
단순히 본인의 권리만 주장해서는 안 되고, 다른 피공탁자뿐
아니라 집행채권자에 대한 관계에도 출급권이 있음을 입증하
는 '혼합해소문서'를 제출하여야 합니다.

(8) 대표적 혼합해소문서

공탁금 출급청구권 확인 판결(확정판결 정본 및 확정증명서),
동의서(인감증명서 첨부), 혹은 본인서명사실확인서, 전자서명
발급증 등, 화해조서정본, 이러한 문서가 제출되어야 최종적
으로 공탁물이 지급됩니다.

(9) 주의사항

혼합공탁의 두 사유(변제공탁, 집행공탁) 중 하나의 요건이라도 불비하면 혼합공탁 전체가 무효가 될 수 있습니다. 혼합공탁 절차를 거쳤더라도, '혼합해소문서' 제출 전까지 출급·배당이 진행되지 않습니다.

확정 판결 등 혼합해소문서 준비가 실무상 핵심입니다.

채권양도 통지가 있었고, 그 효력에 다툼이 있는 상황에서 압류명령이 같은 날 도달했다면, 양도인(집행채무자) 또는 양수인을 피공탁자로 하여 공탁서를 작성하시고, 가압류명령이 있었던 사실을 상세히 기재하여야 합니다. 그 후 사유신고를 법원에 제출하고, 해결이 되면 각종 혼합해소문서를 제출하여 출급청구를 하게 됩니다.

혼합공탁을 진행할 땐 사전 사실관계와 요건을 면밀히 검토하여, 공탁서 작성과 해소문서 준비에 실무적 주의를 기울여야 합니다.

8. 가압류공탁

민사집행법 시행 이전에는 가압류의 경우 집행공탁이 허용되지 않았으나 민사집행법 제248조 제1항을 준용할 수 있는 규정을 둠으로써 제3채무자가 공탁을 할 수 있도록 하고, 제3채무자가 가압류 집행된 금전채권액을 공탁한 경우에 그 가압류의 효력은 청구채권액에 해당하는 공탁금액에 대한 채무자의 출급청구권에 대하여 존속하는 것(민사집행법 제297조)으로 하였습니다.「제3채무자의 권리공탁에 관한 업무처리절차」(행정예규 제1018호)에 따라 금전채권의 일부 또는 전부에 대하여 가압류가 있는 경우, 해당 채권액만을 공탁한 때에는 가압류를 본 압류로 이전하는 압류명령을 얻은 후 집행법원의 지급위탁에 의해 공탁금의 출급을 할 수 있고, 전액을 공탁한 경우에는 가압류의 효력이 미치는 부분에 대해서는 가압류를 본 압류로 이전하는 압류명령을 얻은 후 집행법원의 지급위탁에 의해 공탁금의 출급을 할 수 있으며, 그 효력이 미치지 않는 부분에 대해서는 변제공탁의 예에 따릅니다.

나. 추심채권자의 공탁사유신고

제3채무자는 압류된 금전을 추심권자에게 지급함으로써 면책될 수 있고, 이때 추심채권자는 추심한 채권액을 법원에 신고하여야 하며, 신고 전에 다른 압류·가압류 또는 배당요구가 있었을 때에는 추심한 금액을 바로 공탁하고 그 사유를 신고하여야 합니다(민사집행법 제236조).

채권을 추심한 채권자가 추심신고서를 제출하기 전에는 다른 채권자들의 배당요구가 허용되며(민사집행법 제247조), 추심신고 시까지 다른 채권자들의 배당요구가 없으면 추심채권자는 독점적으로 만족을 얻게 됩니다. 만일 추심채권자가 추심을 마쳤음에도 지체 없이 공탁 및 사유신고를 하지 아니한 경우에는 그로 인한 손해배상으로서, 제3채무자로부터 추심금을 지급받은 후 공탁 및 사유신고에 필요한 상당한 기간을 경과한 때부터 실제 추심금을 공탁할 때까지의 기간 동안 금전채무의 이행을 지체한 경우에 관한 법정지연손해금 상당의 금원도 공탁하여야 할 의무가 있습니다.

추심채권자가 공탁을 한 때 집행법원은 배당절차를 개시하여야 하고(민사집행법제252조 제2호), 배당요구 종기는 채권자가 추심신고를 한 때가 됩니다(민사집행법 제247조 제1항 2호).

다. 집행관의 공탁사유신고

집행관이 매각대금 등을 공탁하거나 현금화된 금전을 법원에 제출한 때, 다시 말해서 ①유체동산에 대한 강제집행에 있어서 압류금전이나 압류한 물건의 매각대금의 분배에 관하여 압류금전은 압류한 날부터, 매각대금은 매각허가 된 날부터 2주 이내에 채권자 사이에 협의가 성립되지 않아 집행관이 매각대금을 공탁한 때(민사집행법 제252조 제1호, 제222조), ②유체동산 인도청구권에 대한 강제집행의 경우 집행관이 인도된 유체동산을 현금화하여 매각대금을 배당법원에 제출한 때(민사집행법 제243조 제3항, 민사집행규칙 제169조 및 제165조 제4항, 제183조), ③금전채권에 대한 강제집행에 있어서 압류된 채권이 조건부 또는 기한부 그 밖의 이유로 추심하기 곤란하여 매각명령, 관리명령 등으로 현금화된 매각대금이나 재산을 관리하여 얻은 수익이 배당법원에 제출된 때(민사집행법 제252조 제3호, 제251조 제1항, 제241조)에 각 배당절차가 개시됩니다.

(1) 유체동산에 대한 강제집행

「집행사건에 있어서 배당액 등의 공탁 및 공탁배당액 등의 관리절차에 관한 예규」(재판예규 제1740호)는 민사집행법 제160조, 제256조, 제268조, 민사집행규칙 제156조 제1항 등의 규정에 의하여 채권자에게 교부하지 아니하는 배당액 등의 공탁과 그 이후의 업무처리절차에 관한 것으로, 이 중 제3조는 집행관이 유체동산에 대한 집행절차에서 매각대금이나 배당금을 공탁한 후 집행법원에 사유신고서를 제출하는 경우의 업무처리절차에 대해 규정하고 있습니다.

유체동산에 대한 집행절차에서 당사자가 불출석한 경우에 집행관은 해당 배당액을 공탁하여야 하며(민사집행규칙 제156조 제2항), 이후 해당 채권자 또는 채무자가 지급을 청구하면 집행관이 직접 지급위탁 등의 절차를 취합니다. 그러나 ①채권자가 한 사람인 경우 또는 채권자가 두 사람 이상으로서 매각대금 등으로 각 채권자의 채권과 집행비용의 전부를 변제할 수는 있으나 불확정채권인 경우(민사집행규칙 제156조 제1항, 제155조 제1항), ②그 전부를 변제할 수는 없으나 채권자간에 배당협의가 이루어진 경우의 불확정채권액(민사집행규칙 제156조 제1항, 제155조 제3항), ③매각대금 등으로 채권자 전부를 만족하게 할 수 없고 배당협의도 이루어지지 아니한 경우(민사집행규칙 제155조 제4항)에는 매각대금 등을 공탁하고 그 사유를 집행법원에 신고하여야 합니다(민사집행법 제222조 제3항).

유체동산에 대한 집행절차에서 집행관이 매각대금이나 배당액을 공탁한 후 법원에 사유신고서를 제출하는 경우에 접수담당 법원사무관 등은 사유신고서에 기재된 사유에 따라 아래의 ①, ② 두 가지 사건으로 구분하여 접수합니다.

① 집행관의 배당액 공탁사유신고('타기'사건)

매각대금 등으로 각 채권자의 채권과 집행비용의 전부를 변제할 수
있거나 채권자사이에 배당협의가 이루어졌더라도 배당 등을 받을 채
권자의 채권의 일부 또는 전부가 불확정채권인 경우에는 집행관이 직
접 배당금을 교부할 수 없고 그 배당 등의 액에 상당하는 금액을 공
탁하고 집행관계서류를 첨부하여 집행법원에 사유를 신고하여야 합니
다(민사집행규칙 제156조 제1항, 제155조 제1항 및 제3항, 제157조
제2항 및 제3항).

집행법원에서는 집행관의 사유신고서에 기재된 사유 중 ①채권에 정지
조건 또는 불확정기한이 붙은 경우, ②가압류채권인 경우, ③강제집행
또는 담보권 실행을 일시 정지하도록 명한 재판의 정본이 제출된 경
우에는'타기'사건으로 접수합니다(집행사건에 있어서 배당액 등의 공탁
및 공탁배당액 등의 관리절차에 관한 예규 제3조 제1항및 제2항).

이러한 불확정채권의 경우 집행법원은 정지조건이 있는 채권에 대해
서는 그 조건성취 여부에 따라, 불확정기한이 있는 채권은 그 기한
도래에 따라, 가압류채권에 대해서는 본안소송의 결과에 따라 각각
해당 배당을 실시합니다.

② 배당절차('타배'사건)

집행관의 사유신고서에 기재된 사유가 매각대금으로는 배당에 참가한
모든 채권자를 만족하게 할 수 없고 배당협의기일에 배당협의가 이루
어지지 않은 경우에는'타배'사건으로 접수하여 배당절차로 진행합니다
(집행사건에 있어서 배당액 등의 공탁 및 공탁배당액 등의 관리절차
에 관한 예규 제3조 제1항 및 제3항).

(2) 채권과 그 밖의 재산권에 대한 강제집행

원칙적으로 채권은 추심·전부명령이 현금화 방법이 되고(민사집행법 제
229조)예외적으로 특별현금화를 통해 현금화를 하게 되나, 그 밖의 재
산권은 그 성질상 집행법원의 압류 및 추심·전부명령에 의해 집행의 목
적이 달성될 수 없으므로 특별현금화가 원칙적인 현금화방법이 됩니다.

법원은 압류된 채권이 조건 또는 기한이 있거나, 반대의무의 이행과 관련되어 있거나 그 밖의 이유로 추심하기 곤란할 때에는 채권자의 신청에 따라 특별현금화방법으로서 ①채권을 법원이 정한 값으로 지급함에 갈음하여 압류채권자에게 양도하는 양도명령, ②추심에 갈음하여 법원이 정한 방법으로 그 채권을 매각하도록 집행관에게 명하는 매각명령, ③관리인을 선임하여 그 채권의 관리를 명하는 관리명령, ④그 밖에 적당한 방법으로 현금화하도록 하는 명령을 할 수 있습니다(민사집행법 제241조 제1항). 그중 집행관에 의해 현금화가 이루어지는 매각명령은 경매 그 밖의 방법으로 채권을 매각하여 그 대금으로 집행법원이 변제에 충당하는 방법이고, 매각명령에 특별한방법의 지시가 없으면 집행관은 유체동산 집행에 준하여 채권을 매각하게 됩니다. 집행관은 매각절차를 마친 후 이를 스스로 배당할 수 없고, 바로 매각대금과 매각에 관한조서를 법원에 제출하여야 하며(민사집행규칙 제165조 제4항), 집행관이 현금화한 금전을 법원에 제출한 때가 배당요구의 종기가 됩니다(민사집행법 제247조 제1항 제3호).매각대금이 제출된 때 집행법원에 의한 배당절차가 개시되고(민사집행법 제252조 제3호)'타배'사건으로 진행을 하게 됩니다.

라. 집행법원 담임법원사무관등의 공탁사유신고

민사집행법 제160조 제1항은 부동산에 대한 강제경매에서 배당액을 채권자에게 즉시 지급할 수 없거나 지급하는 것이 적당하지 아니한 경우에 법원사무관 등은 배당액을 직접 지급하지 않고 공탁하도록 규정하고 있습니다. 이에 따라 민사집행사건에서 발생한 배당금지급청구권 또는 그에 기한 공탁금출급청구권에 대한 압류의 경합 등이 발생한 경우 법원사무관 등이 해당 배당액을 공탁해왔으나 그 사유신고의 주체와 시기 등에 관한 규정이 없어 업무 처리상 혼란을 겪어 왔습니다. 이에「집행법원의 사유신고에 관한 업무처리지침」(재판예규 제1739호)이 제정·시행되었고, 위 예규의 제정으로 인해 2020. 7. 1.부터는 지급제한 사유가 해소되면 특별한 사유가

없는 한 그 사유가 해소된 다음 날부터 5일 이내에 공탁서등 보관책임자
또는 담임 법원사무관등이 사유신고를 하도록 사유신고의 주체를 명확히
하게 되었습니다.

(1) 사유신고의 요건

배당금지급청구권 등에 대하여 ①압류명령을 송달받은 후 다른 채권
자의 배당요구통지를 받은 때, ②압류명령을 송달받은 후 다른 채권
자의 압류명령 또는 가압류명령을 송달받은 때, ③가압류명령을 송달
받은 후 다른 채권자의 압류명령을 송달받은 때에 채권자의 경합이
생기고 집행채권의 총액이 피압류채권(배당금지급청구권 등)의 총액을
초과하여 재판상 배당을 필요로 하는 경우(다만 동일한 채권자가 서
로 다른 채권에 기초하여, 압류를 한 후 다시 압류 또는 가압류를 한
경우에도 채권자 경합이 있는 것으로 봅니다)에는 배당기일을 진행하
는 담임 법원사무관 등 또는 공탁서 등 보관책임자는 사유신고를 하
여야 합니다(위 예규 제2조, 제4조 제1항). 또한 가압류를 원인으로
공탁한 후에 피공탁자의 공탁금출급청구권에 대하여 압류가 이루어져
압류의 경합이 성립하거나 공탁사유인 가압류를 본 압류로 이전하는
압류명령이 있는 경우(위 예규 제3조 제1항), 배당금지급청구권 등에
대하여 민사집행법에 따른 압류와 체납처분에 의한 압류가 있고(선후
불문) 그 압류금액의 총액이 피 압류채권액을 초과하는 경우(위 예규
제3조 제2항)에 담임 법원사무관 등 또는 공탁서 등 보관책임자는 사
유신고를 하여야 합니다(위 예규 제4조 제1항).

한편 배당금지급청구권 등에 대하여 복수의 압류명령 등이 있더라도
각 압류의 법률적 성질상 압류 액의 총액이 피 압류채권액을 초과하
지 아니하여 본래 의미에서의 압류의 경합으로 볼 수 없는 경우에도
그 우선순위 등에 있어 압류의 경합이 있는지 여부에 대한 판단이 곤
란하다고 보이는 객관적 사정이 있는 경우에 담임 법원사무관 등 또
는 공탁서 등 보관책임자는 사유신고를 할 수 있습니다(위 예규 제3
조 제3항, 제4조 제1항).

(2) 사유신고의 시기와 법원

사유신고는 사안이 복잡하거나 집행기록이 폐기되는 등의 특별한 사유가 없는 한 집행법원이 최후의 압류명령서 등의 사본을 송부 받은 다음 날부터 5일 이내에 하여야 합니다(위 예규 제4조 제2항). 경합된 압류명령이 서로 다른 법원에 의하여 발하여진 경우에는 먼저 송달된 압류명령 발령법원, 가압류명령과 압류명령이 경합하는 경우에는 압류명령을 발령한 법원에 각 사유신고를 하되(위 예규 제5조), 사유신고서에는 공탁서, 배당표, 배당기일조서의 사본과 압류명령서, 가압류명령서 또는 배당요구통지서 등의 사본을 첨부하여야 합니다(위 예규 제6조).

마. 공탁관의 공탁사유신고

공탁금 출급·회수청구권에 대한 압류의 경합 등으로 사유신고를 할 사정이 발생한 때에는 공탁관은 지체 없이 사유신고서 2통을 작성하여 그 1통을 집행법원에 보내고 다른 1통은 해당 공탁기록에 편철합니다(규칙 제58조 제1항). 다시 말해 공탁금출급·회수청구권에 대해 압류 또는 가압류가 있으나 압류의 경합이 발생하지 않는 경우에는 민사집행법 제248조 제1항에 의한 공탁 및 사유신고를 하지 아니합니다. 다만 금전채권에 대한 가압류를 원인으로 제3채무자가 민사집행법 제291조 및 제 248조 제1항에 의해 공탁한 이후에 피공탁자의 공탁금출급청구권에 대한 압류가 이루어져 압류의 경합이 성립하거나 가압류를 본 압류로 이전하는 채권압류 및 추심·전부명령이 있는 경우에 공탁관은 먼저 송달된 압류명령의 발령법원에 그 사유를 신고하여야 합니다.

공탁금지급청구권에 대한 압류의 경합으로 공탁관이 집행법원에 사유신고를 한 이후에는 다른 채권자로부터 압류나 가압류 등이 있더라도 추가로 사유신고를 할 필요는 없습니다.

(1) 사유신고의 요건

일반적으로 공탁금지급청구권에 대하여 ①압류명령을 송달받은 후 다른 채권자의 배당요구통지, ②압류 또는 가압류명령을 송달받은 후 다른 채권자의 전부 또는 추심명령, ③압류명령을 송달받은 후 다른 채권자의 압류명령 또는 가압류명령을 각 송달받은 때 등 채권자 경합이 생기고, 집행채권의 총액이 피압류채권(공탁금지급청구권)총액을 초과하여 재판상 배당을 필요로 하는 경우에 공탁관은 사유신고를 하여야 합니다.

다만 동일채권자의 다른 채권에 기한 압류 중복의 경우에도 경합이 있는 것으로 봅니다. 금전채권에 대하여 제3채무자의 가압류를 원인으로 한 공탁 후에 피공탁자(가압류채무자)의 공탁금출급청구권에 대한 압류가 이루어져 압류의 경합이 성립하거나 해당 가압류를 본 압류로 이전하는 압류명령이 있는 경우, 공탁금지급청구권에 대하여 민사집행법에 따른 압류와 체납처분에 의한 압류가 있고(선후 불문) 그 압류 액의 총액이 피압류채권액을 초과하는 경우에는 공탁관은 집행법원에 사유신고를 하여야 합니다.

또한 공탁금지급청구권에 대하여 복수의 압류명령 등이 있더라도 각 압류의 법률적 성질상 압류액의 총액이 피 압류채권액을 초과하지 아니하여 본래의 의미에서의 압류의 경합으로 볼 수 없는 경우에도 공탁관의 입장에서 보아 그 우선순위에 대하여문제가 있는 등 압류의 경합이 있는지 여부에 대한 판단이 곤란하다고 보이는 객관적사정이 있는 경우에 공탁관은 사유신고를 할 수 있습니다.

(2) 사유신고의 대상이 아닌 경우

비록 복수의 압류가 있고 집행채권의 총액이 피압류채권(공탁금지급청구권) 총액을 초과하더라도 ①복수의 가압류만 있는 경우, ②가압류와 체납처분에 의한 압류만있는 경우, ③공탁금지급청구권이 제3자에게 양도되어 대항요건을 갖춘 후 압류, 가압류 등이 경합한 경우, ④ 선행의 압류 또는 가압류 후에 목적채권인 공탁금지급청구권이 제3자에게 양도되어 대항요건을 갖춘 후 압류, 가압류 등이 경합한 경우, ⑤ 금전공탁이 아닌 유가증권 또는 물품공탁의 지급청구권에 대하여 압류가 경합된 경우는 사유신고의 대상이 아닙니다.

(3) 사유신고의 시기

일반적인 경우 공탁관은 공탁금지급청구권에 대한 압류의 경합 등으로 사유신고를 할 사정이 발생한 때에 그 익일부터 3일 이내에 집행법원에 사유신고를 하여야 합니다. 그러나 ①재판상 담보공탁금의 회수청구권에 압류의 경합이 있는 경우에는 공탁원인의 소멸을 증명하는 담보취소결정정본 및 확정증명서가 제출된 때, ②재판상 담보공탁금의 출급청구권에 압류의 경합이 있는 경우에는 담보권실행요건을 갖춘 입증서면이나 질권실행을 위한 압류 및 현금화명령이 효력을 발생한 때, ③상대적불확지공탁에있어서 피공탁자 중 일방의 공탁금출급청구권에 대하여 압류의 경합이 있는 경우에는 피공탁자에게 공탁금출급청구권이 있음을 증명하는 서면이 제출된 때에 사유신고를 하여야 합니다.

(4) 사유신고를 할 법원

경합된 압류명령이 서로 다른 법원에 의하여 발하여진 경우에 공탁관은 먼저 송달된 압류명령을 발령한 법원에 사유신고를 하여야 합니다(규칙 제172조 제3항). 가압류명령과 압류명령이 경합하는 경우에는 압류명령을 발령한 법원에 사유신고를 하여야합니다.

(5) 공탁사유신고의 철회와 불수리결정

일단 제출한 사유신고는 철회 또는 취하할 수 없습니다. 다만 제3채무자의 착오나 오류에 의해 무효인 집행공탁을 했고 그것이 제3채무자와 집행법원에 영향이 없는 것이라면 사유신고의 철회와 집행공탁금의 회수는 인정할 필요가 있으므로, 법 제9조 제2항 제2호는 착오로 공탁을 한 경우 그 사실을 증명하여 공탁물을 회수할 수 있다고 규정하고 있습니다.

법에서 규정한 착오로 공탁한 경우라 함은 공탁으로서 유효요건을 갖추지 않은 경우를 말하고 이는 어디까지나 공탁서에 기재된 공탁원인 사실을 기준으로 하여 객관적으로 판단하여야 합니다. 이러한 이유로 공탁자가 공탁사유신고를 철회한 경우 집행법원은 공탁사유신고를 불수리하는 결정을 할 수 있고 공탁금도 회수할 수 있습니다.

또한 위 경우에는 공탁자가 공탁물을 회수할 수 있을 뿐이므로 만일 공탁물출급청구권에 대해 전부명령을 받아 공탁물을 수령한 자는 법률상 원인 없이 공탁물을 수령한 것이 되어 공탁자에 대해 부당이득 반환의무를 부담합니다. 채무액을 공탁한 제3채무자가 그 사유를 법원에 신고하면 배당절차가 개시되는 것이 원칙이지만 법원이 사유신고서를 접수한 결과 배당절차에 의할 것이 아니라고 판단될 경우 그 신고서를 불수리하는 결정을 할 수 있습니다.

공탁물 출급이나 회수에 관한 것은 공탁관의 처분에 대한 이의사건으로 비송사건의 대상이지만 공탁사유신고를 불수리한 집행법원의 결정에 대하여 이해관계인은 민사집행법 제16조에 의하여 집행에 관한 이의신청으로 불복할 수 있습니다.

제6장 공탁사유신고 이후의 절차

1. 배당절차

강제집행절차는 일반적으로 압류, 현금화, 만족의 3단계를 거쳐 진행되는 것이므로 채권자가 경합하고 현금화한 대금으로는 각 채권자의 채권과 집행비용을 충당하기에 부족한 경우'만족'단계는 배당절차에 의해 실시됩니다. 채권자평등주의를 취하고 있는 우리 법제 하에서 어떠한 방법으로 각 채권자에게 공평하게 분배할 것인지가 문제시되고 이를 해결하기 위해서 마련된 것이 배당절차입니다.

배당절차는 금전채권에 대한 강제집행에 있어서 거의 모든 경우에 필요한 것이므로(다만 전부, 양도명령의 경우에는 불필요), 민사집행법은 제145조 이하에서 부동산집행의 배당절차에 관하여 상세하게 규정하고 대체로 부동산집행의 배당절차에 관한규정을 준용하도록 하고 있습니다(민사집행법 제256조).

2. 채권배당절차의 특징

부동산집행과 비교하여 채권배당절차만의 특징을 살펴보면, 부동산집행에서의 배당절차는 압류·현금화·만족이 한 집행절차에 당연히 포함되어(민사집행법 제145조, 제169조) 별개의 사건으로 진행되지 않으나, 채권 등의 집행에 있어서의 배당절차는 압류·현금화와는 별도로 독립된'만족'절차인 별개의 사건으로 진행됩니다.

또한 채권배당절차는 채권과 그 밖의 재산권에 대한 집행사건이 대다수이나 유체동산 집행(매각대금)과 부동산강제관리(수익금)도 일정한 경우 배당절차사건이 됩니다. 배당재단을 비교해보면, 부동산집행은 부동산 매각대금이 배당재단의 중심이 되지만 채권배당절차의 경우에는 공탁금이 주로 배당재단이 됩니다.

배당요구의 종기에 있어서도 부동산집행은 집행법원이 배당요구의 종기를 지정하는 데 반하여, 채권 등의 배당절차에서는 원칙적으로 사유신고서가 접수되면 그 법률효과로서 배당요구종기가 결정됩니다.

3. 채권배당절차의 개시

법원은 민사집행법 제222조의 규정에 따라 집행관이 공탁한 때, 제236조의 규정에 따라 추심채권자가 공탁하거나 제248조의 규정에 따라 제3채무자가 공탁한 때, 제241조 규정에 따라 현금화된 금전을 법원에 제출한 때 배당절차를 개시합니다(민사집행법 제252조).

배당절차는 강제집행에 해당하므로 강제집행의 개시요건에 해당하는 집행력 있는 정본이 존재해야 합니다. 배당절차로 진행될 수 있는 공탁은 공탁사유신고의 대상이 되는 집행공탁과(집행공탁이 포함된) 혼합공탁으로 민사집행법 제248조에 의한 제3채무자의 공탁과 같은 법 제236조 제2항에 의한 추심채권자의 공탁이 주를 이룹니다.

혼합공탁은 실무상 채권양도의 유·무효와 관련하여 변제공탁과 집행공탁이 혼합된 경우가 대부분입니다. 혼합공탁으로 인한 제3채무자의 사유신고가 있을 때에는 채권양도의 유·무효가 확정되는 등 혼합공탁사유가 해소되어야만 집행공탁절차에 따른 배당절차를 실시할 수 있으므로, 절차를 정지하였다가 혼합해소문서가 제출되면 공탁관의 새로운 사유신고 없이 이미 이루어진 제3채무자의 사유신고에 따라 배당절차를 진행하면 됩니다.

만일 압류채무자에게 피압류채권이 귀속되지 않는 것으로 확정되면 배당절차로 나아갈 수 있는 정지조건이 불 성취되었으므로 사유신고를 불수리하여야 합니다. 일단 공탁이 성립된 이후에는 공탁이 무효가 아닌 한 제3채무자는 바로 채무를 면하게 되므로 압류명령이 실효되었다 하더라도 압류채무자는 집행법원의 배당절차에 따라 지급위탁에 의해서만 공탁금을 출급할 수 있습니다. 집행절차에 있어서 공탁관은 집행법원의 보조자일 뿐이므로 지급위탁서가 송부된 경우 공탁금출급 사유 등을 심리함이 없이 집행법원의 공탁금 지급위탁서에 따라 채권자에게 공탁금을 출급하는 지위에 있습니다.

제7장 전자공탁 방법

전자공탁은 대법원 전자공탁 홈페이지를 통해 공탁서를 전자문서 형태로 제출하고, 납입 안내를 받아 공탁금을 계좌이체 방식으로 납부하는 절차입니다.

전자공탁은 주로 금전공탁에 적용되며, 실물 제출이 필요한 유가증권이나 물품공탁은 전자 공탁 방식이 불가능 합니다.

1. 전자공탁 절차

(가) 전자공탁 신청

대법원 전자공탁 홈페이지(https://ekt.scourt.go.kr)에 접속하여야 하여야 합니다. 개인 인증서(공동인증서 등)로 로그인하여야 합니다. 홈페이지 내 제공 양식에 따라 공탁신청서 작성 및 필요한 첨부서류(스캔파일 등) 등록 후, 전자문서 형태로 제출하시면 됩니다.

신청서에는 공탁자·피공탁자 인적사항, 공탁금액, 공탁사유, 원인사실 등 필요한 정보를 정확히 기재하여야 합니다.

(나) 접수·심사 및 공탁금 납입 안내

공탁관이 접수 및 심사 후, 적합할 경우 납입안내문을 전자문서(또는 알림)로 발송합니다.

납입안내문에는 공탁물(금전) 납입기한, 입금계좌번호 등이 기재되어 있습니다.

(다) 공탁금 납입

공탁자는 안내문에 따라 정해진 기한 내 지정 계좌로 공탁금을 송금합니다.

입금이 확인되면 공탁이 성립되고, 전자공탁 홈페이지에서 공탁서 및 관련 서류를 출력할 수가 있습니다.

(라) 전자공탁 시 참고사항

금전공탁사건에만 전자 공탁이 적용됩니다. 유가증권이나 물품공탁은 전자
공탁이 불가합니다.

금전공탁의 경우 5,000만 원 이하 지급청구의 경우 전자공탁 신청이 가능
하며, 경우에 따라 지급청구 및 사실증명 등도 전산으로 처리할 수 있습
니다.

첨부서류 누락 시에는 원칙적으로 온라인 추가 제출이 불가하므로, 모든
서류를 한 번에 실수 없이 준비해야 합니다.

따라서 출금, 회수 등 일부 업무는 방문이 필요할 수 있습니다.

공탁신청, 사건조회, 증명서 발급 등도 전자공탁 홈페이지에서 처리 가능
합니다.

전자공탁을 신청하려고 하는 사람은 대법원 전자공탁홈페이지에서 제공하
는 양식에 맞추어 공탁신청서를 작성하여 첨부서면과 함께 전자문서 형태
로 제출해야 하고, 공탁관은 이를 접수하여 심사한 후 공탁수리여부를 결
정하게 됩니다.

2. 전자공탁에서 흔히 발생하는 문제와 해결책

(1) 첨부서류 누락 및 오류

(가) 문제

전자공탁 신청서 작성 시 첨부해야 할 각종 서류(결정문, 위임장 등)
를 누락하거나 잘못 첨부하는 경우가 많으며, 누락된 서류는 온라인
으로 추가 제출이 불가하므로 접수가 반려될 수 있습니다.

(나) 해결책

신청 전 필수 첨부서류를 모두 한 번에 준비하고, 제출 전 목록을 체
크. 만약 시스템 장애 등 불가피한 사정이 있으면 방문 제출이 일부
허용됩니다.

(2) 가상계좌 입금오류 및 지연

  (가) 문제

    공탁금 납부 시 계좌번호 입력 오류, 은행 전산 오류, 마감시간 이후 납부로 인하여 입금 처리 미완료. 납입기한 내 입금이 안 되면 공탁 자체가 실효(무효 처리)될 수 있습니다.

  (나) 해결책

    계좌번호, 예금주 등을 정확히 확인하여 이체하고, 가상계좌 유효기간을 미리 숙지. 입금이 어려울 경우 납입신청을 철회한 뒤 직접 공탁소에 방문하여 납부도 가능합니다.

(3) 공인인증서(전자서명) 문제

  (가) 문제

    전자공탁시스템 이용 시 필수인 공인인증서 오류, 갱신 미비, 인증서 만료 등으로 접속이나 전자서명이 불가한 경우가 있습니다.

  (나) 해결책

    사용 전 인증서가 정상 동작 및 기간이 유효한지 점검. 인증서 관련 오류 발생 시 설치파일 재설치나, 법원에서 제공하는 오류해결 가이드를 참고하여 조치하여야 합니다.

(4) 시스템 장애 및 접속 불가

  (가) 문제

    전자공탁 홈페이지 접속장애, 서버 다운, 문서 출력 오류 등 시스템 자체의 기술적 문제로 처리지연 발생할 수 있습니다.

  (나) 해결책

    장애 발생 시에는 담당 공탁소에 즉시 문의하여 대체 방법(오프라인 납부 등) 안내를 받거나, 장애 해소 후 다시 시도. 책임 없는 장애로 공탁서 출력이 불가한 경우 재출력 지원 요청이 가능합니다.

(5) 지급·회수 청구 한도·증빙 문제

(가) 문제

전자공탁으로 출급·회수 청구는 금전공탁 5,000만 원 이하만 가능. 그 외 고액일 경우 오프라인 청구가 필요. 또한 변제공탁 등 권리관계 증명 서류 미 첨부 시 불수리 가능성이 있습니다.

(나) 해결책

해당 한도를 숙지하고, 고액인 경우 직접 방문 접수. 청구서 및 첨부 증빙을 정확히 준비하시고 공동명의일 때 모두의 전자서명이 필요합니다.

(6) 정보 오·입력 및 정정(보정) 문제

(가) 문제

신청서 작성 시 상대방 정보, 사건번호, 금액 등 오기 입 사례 다수. 잘못 입력하면 보정명령이 내려지거나 심사가 지연될 수 있습니다.

(나) 해결책

입력사항을 충분히 검토 후 제출, 오류 발견 시 전자공탁시스템에서 신속히 정정·보정 신청하여야 합니다.

(7) 기타 불편사항

(가) 문제

특수 유형(혼합공탁 등)은 전자공탁 시스템에서 선택 불가하여 현장 제출 필요. 사유신고 등 후속절차가 전자공탁과 별개 시스템에서 진행되어 불편할 수 있습니다.

(나) 해결책

혼합공탁 등 특수 신청은 법령 조항을 추가기재하거나, 부득이하면 직접 공탁소 방문. 후속신고는 관련 시스템에서 따로 처리하는 것이 좋습니다,

　　전자공탁을 원활하게 이용하려면 반드시 해당 시스템 안내사항을 숙지하고, 서류와 정보를 미리 완벽히 준비하는 것이 매우 중요합니다. 문제가 발생할 경우 법원 전자공탁 안내센터나 담당 공탁소에 빠르게 문의하면 구체적인 도움을 받을 수 있습니다.

제8장 형사사건 공탁방법

형사사건 공탁서는 형사사건에서 피고인이 피해자에게 합의금을 지급하거나 손해를 배상하려고 할 때, 피해자(피공탁자)에게 직접 지급이 어려운 경우 법원을 통해 금전을 맡기는 서류입니다. 2022년 12월 이후로는 피해자의 인적사항을 알 수 없는 경우에도 공탁이 가능해졌으며, 이때 형사공탁 특례가 적용됩니다.

1. 형사사건 공탁서 기재사항

기존과 달리 피해자의 이름(성명·가명)이 아니라, 해당 형사사건이 계속 중인 법원 명칭, 사건번호 및 사건명, 공소장, 진술서, 조서 또는 판결서에 나타난 피해자 특정 명칭, 공탁사유 및 관련 법령기재(예를 들어 손해배상, 위자료 등) 피해자의 인적사항(주소, 주민등록번호)은 기재하지 않습니다.

2. 필수 첨부서류

사건이 계속 중인 법원을 확인할 수 있는 서면, 피해자를 특정할 수 있는 사건 관련 서류(공소장, 조서, 진술서, 판결서 사본), 피해자의 인적사항 파악이 불가능함을 소명하는 자료(성폭력 사건 등 특례 적용 사건의 공소장, 판결서, 열람·복사 거절서류 등)

3. 공탁 절차

공탁서 작성 및 준비서류 첨부 후 사건 관할법원 소재 공탁소에 공탁신청, 공탁금 입금(현금, 수표, 계좌이체 등), 공탁사실 통보(공탁서 사본으로 피해자 등에게 통지), 피해자는 사건번호와 동일인임을 증명할 자료(예를 들어 동일인증명서, 신분증 등)로 출금

4, 중요 참고 사항

피해자가 공탁금을 출금하지 않더라도, 피고인의 반성 및 합의노력으로 양형에서 감경 근거로 작용할 수 있습니다.

2022년 12월 신설 규정에 따라 피해자를 특정할 수만 있으면 인적사항 불분명 시에도 공탁이 가능하므로, 민사공탁과 달리 인적자료 확보를 위해 무리할 필요가 없습니다.

형사사건 공탁서에는 피해자 실명 대신 사건의 정보와 피해자 특정 명칭을 기재하며, 관련 서류(공소장 등)와 인적사항 알 수 없음에 대한 증빙을 첨부하여 법원에 공탁합니다. 이 제도는 형사합의가 어렵거나 인적사항 비공개 상황에서 피해자 보호와 피고인의 반성표시를 동시에 가능하게 합니다.

5, 형사공탁서 작성 시 반드시 포함해야 하는 내용

(가) 피공탁자(피해자) 특정 정보

피해자의 실명 대신, 공소장, 조서, 진술서, 판결서 등에 나타난 피해자를 특정할 수 있는 명칭(예를 들어 성명, 가명, 기호 등)과 해당 형사사건이 계속 중인 법원명, 사건번호, 사건명을 기재해야 합니다. 피해자가 사망한 경우에는"○○○(사망)"과 같이 괄호로 표시합니다.

(나) 공탁원인사실

공탁하게 된 사실관계(피해 발생시점, 장소, 채무의 성질 등)를 구체적으로 명시하고, 피해자의 인적사항을 알 수 없는 사유에 대해서도 기재하여야 합니다.

(다) 공탁 원인 법령조항

해당되는 법률(주로 공탁법 제5조의2 등)에 따른 공탁임을 명시합니다. 다만, 전자공탁시스템에서는 자동 입력되기도 하므로 별도 기재가 없는 경우도 있습니다.

(1) 공탁법 제5조의2(형사공탁의 특례)

형사사건의 피고인이 법령 등에 따라 피해자의 인적사항을 알 수 없는 경우, 해당 형사사건이 계속 중인 법원 소재지의 공탁소에 공탁할 수 있도록 정하는 조항입니다.

이 조항은 피공탁자(피해자)의 실제 인적사항 대신 사건번호, 사건명, 공소장이나 조서 등에 기재된 특정 명칭 등을 기재하도록 하고, 피공탁자에게는 공탁관이 인터넷 홈페이지 등에 공고하는 방식으로 알릴 수 있게 합니다.

공탁물 수령 시에는 법원 또는 검찰에서 발급한 증명서(사건번호 및 성명 등 기재)를 요구하도록 규정합니다.

(2) 공탁사무처리규칙 제84조(형사공탁의 공고)

피공탁자에 대한 공탁통지는 전자공탁홈페이지에 공고하는 방법을 명시하면 됩니다.

형사공탁 제출/처리 절차, 첨부서류, 동일인 확인서면 등은 공탁법 및 대법원규칙(공탁사무처리규칙)에서 세부적으로 규정하고 있습니다. 전자공탁 등 실무적 사항은 전자공탁 안내 및 대법원 전자공탁 시스템 등에도 반영되어 있습니다.

실제 형사공탁서 작성 시, 주로 '공탁법 제5조의2' 를 법령 근거로 명시하며, 서식이나 관련 양식에도 이 조항이 기본으로 기재되어 있습니다. 기타 관련 사무처리나 구체적 절차, 기재사항은 공탁사무처리규칙 등 관령 규칙도 함께 참고합니다.

(라) 기본 정보

공탁자(피고인) 성명 및 주소, 형사사건이 계속 중인 법원 표시, 공탁신청 연월일 등 기본사항을 포함합니다.

(마) 첨부서류

사건이 계속 중임을 확인할 수 있는 자료(예컨대 사건계류증명서), 피해자를 특정할 수 있는 서류(공소장, 조서, 진술서, 판결서 사본 등), 피해자의 인적사항을 알 수 없음을 소명하는 서류(예컨대 조서상"인적사항 불상"표시, 열람·복사 거절사유서 등),

(바) 기타

법인이 공탁자인 경우 대표자·관리인 자격 증명서류, 대리인일 경우 위임장 등 추가로 필요한 서류를 첨부해야 합니다.

이와 같이 모든 내용을 빠짐없이 포함해야만 형사공탁서가 법원에서 적법하게 심사 및 수리될 수 있습니다. 특히 공탁원인사실과 피해자 특정 명칭의 정확한 기재가 매우 중요합니다.

6. 형사공탁이 피해자와의 합의에 미치는 영향

형사공탁은 피고인이 직접 피해자와 합의가 어려운 상황(예를 들어 피해자의 연락처를 모를 때, 연락이 닿지 않을 때 등)에서 법원을 통해 합의금 또는 손해배상금을 예치하는 제도입니다.

이러한 공탁 방식이 피해자와의 합의에 미치는 영향은 아래와 같습니다.

(가) 합의의 간접적 성립

피해자가 공탁금(예치금)을 수령하면 피고인과 피해자 사이에 민형사상의 합의가 성립한 것으로 인정되는 경우가 많습니다. 다시 말해서 피해자가 공탁금 수령에 동의(혹은 실제로 출금)함으로써 합의가 이루어진 것으로 법원이 판단할 수 있습니다.

(나) 피해자의 권리보호 및 선택권

피해자는 공탁금을 수령할지 거부할지 선택할 수 있습니다. 출금하지 않는 경우 합의가 성립하지 않은 것으로 간주될 수 있습니다. 단, 피고인은 피해복구 합의 노력을 객관적으로 입증할 수 있습니다.

(다) 피고인의 양형 참작 사유

피해자가 공탁금을 수령하지 않더라도, 피고인이 성실히 합의 노력을 했다는 점이 법원의 양형(형벌 결정)에 긍정적으로 작용할 수 있습니다. 일부 감경이나 선처 사유로 인정받을 수 있습니다.

(라) 피해자 인적사항 불명의 경우 해결책 제공

2022년 12월부터는 피해자 인적사항이 불분명해도 형사공탁이 가능하므로, 합의가 물리적으로 불가능한 사건에서도 피해보상을 위한 최소한의 방법을 제공하며, 피해자 보호와 피고인 선처 모두에 기여합니다.

형사공탁은 직접 합의가 불가능하거나 곤란한 상황에서도 피고인의 합의 노력을 객관적으로 증명하고, 나아가 합의 효과를 실질적으로 실현할 수 있는 매우 중요한 제도입니다. 피해자가 공탁금을 수령하지 않아도 반성 및 피해회복 의지를 보여준 점이 양형에서 감경 사유가 될 수 있습니다.

제9장 공탁서(변제 등) 작성방법

1. 작성해야 할 기본 사항

공탁자(제출자)의 성명(또는 상호, 명칭), 주소(또는 본점, 주사무소), 주민등록번호(또는 법인등록번호)를 기재하여야 합니다.

피공탁자(상대방)의 성명, 주소, 주민등록번호를 반드시 정확하게 작성합니다. 법인 또는 단체라면 명칭과 주사무소도 기재하여야 합니다.

(1) 공탁목적물의 종류와 내용

금액, 유가증권 내역, 물품의 종류 및 수량 등을 기재하여야 합니다.

금전공탁의 경우, 한글 또는 한자, 아라비아 숫자를 병기하여 금액을 명확히 표시하여야 합니다.

(2) 공탁원인이 된 사실

변제공탁 사유 및 근거 법률을 구체적으로 기재하여야 합니다. 예를 들어 민법 제487조(변제공탁의 요건과 효과) "채권자가 변제를 받지 아니하거나 받을 수 없는 때에는 변제자는 채권자를 위하여 변제의 목적물을 공탁하여 그 채무를 면할 수 있다" 는 내용을 담고 있습니다. 첫째, 채권자가 변제를 거절하거나, 둘째, 채권자가 수령할 수 없는 사유(예컨대 소재불명, 행방불명 등)가 있거나, 셋째, 변제자가 과실 없이 채권자를 알 수 없는 경우 이 세 가지 사유 중 하나라도 발생하면 변제자는 공탁을 통해 채무를 면할 수 있습니다.

관련 법령 조항(공탁의 근거가 되는 법률 조항)을 명시하여야 합니다.

또한, 공탁법(공탁에 절차·관리를 규정)과 필요에 따라 특별법(공익사업 등), 상법, 조세관계법령 등이 따로 근거로 적용될 수 있습니다.

변제공탁서 작성 시 '공탁의 근거 법령' 항목에는 보통 '민법 제487조' 를

기재하면 됩니다. 형사사건 변제공탁의 특례는 "공탁법 제5조의2" 가 근거가 될 수가 있습니다

공탁물의 수령인(피공탁자)이 필요한 경우, 그 명확한 정보(이름, 주소, 주민등록번호)를 기입합니다.

2. 작성·제출 요령

공탁서는 2통을 작성하여 관할 법원의 공탁관(또는 전자공탁시스템)에 제출하여야 합니다.

기명날인(서명 또는 도장)이 필요하며, 일부 유형(인감증명서 첨부)이 요구될 경우 반드시 인감도장을 사용하여야 합니다.

모든 기재문자는 명확하게 작성(연필 사용 금지)해야 합니다. 정정·삭제 시에는 규칙에 따라 두 줄을 긋고 자수를 기재, 날인 후, 글씨를 읽을 수 있도록 남겨야 합니다. 따라서 금전금액은 원칙적으로 정정이 불가합니다.

3. 필요 첨부서류

피공탁자의 주소를 소명하는 서류(주민등록등·초본 등, 법인은 등기부등본 등)가 필요합니다.

피공탁자의 주소불명 등 특수한 경우에는 이를 증명하는 자료(예컨대 주민등록표 말소, 통장확인서, 우편반송증명 등)가 요구될 수 있습니다.

대리인 신청 시 대리권을 증명하는 서면, 법인은 대표자 자격증명 등을 추가로 첨부하여야 합니다.

공탁통지서는 필요한 경우(예를 들어 피공탁자의 주소가 특정되고 통지 의무 발생 시) 반드시 첨부해야 하며, 수신인 주소, 우표가 붙은 봉투도 준비해야 합니다.

형사사건 관련 변제공탁 등 별도 서류가 필요한 경우, 관련 법원 확인서류, 판결문, 회수제한신고서 등도 제출하여야 합니다.

4. 전자공탁 이용

금전공탁 등은 전자공탁시스템(ekt.scourt.go.kr)을 이용해 온라인으로 제출할 수 가 있습니다.

5. 주요 기재 예시

변제공탁서(금전)를 작성하여야 합니다.

첫째, 공탁자의 성명·주소·주민등록번호를 기재하여야 합니다.

둘째, 피공탁자(채권자) 성명·주소·주민등록번호를 기재하여야 합니다.

셋째, 공탁금액(한글·숫자 병기)을 기재하여야 합니다.

넷째, 변제 사유 및 법적 근거(예컨대 민법 제487조 변제공탁의 요건, 효과) 기재하시면 됩니다.

다섯째, 제출일자, 기명날인을 하여야 합니다.

제10장 금전 공탁서(재판상의 보증 등) 작성방법

1. 기본 작성 절차

금전 공탁서(재판상의 조증 등) 공탁은 담보제공명령서를 받은 뒤에 작성하여야 합니다. 다시 말해 가압류, 가처분 등 재판상의 처분과 관련된 사건이 이에 해당합니다.

금전 공탁서(재판상의 조증 등)는 2부를 작성하여 관할 법원의 공탁소에 제하여야 합니다.

필수 첨부서류는 담보제공명령사본(원본 제외), 위임장(대리인 신청 시)이 있어야 합니다.

(가) 기재사항

금전 공탁서(재판상의 조증 등)에는 공탁자(신청인)의 성명·주소·주민등록번호 법인 또는 단체는 명칭과 주사무소, 법인등록번호를 기재하여야 합니다.

피공탁자(상대방)의 성명·주소·주민등록번호를 기재하여야 합니다.

금전 공탁서(재판상의 조증 등)에 공탁금액은 한글·한자와 아라비아 숫자를 병기(예를 들어 일천만 원(₩10,000,000))이라고 기재하시면 됩니다.

(나) 공탁원인사실

예를 들어 "○○법원에서 발령된 ○○에 대한 담보제공명령(○○사건번호)에 따라 보증금 공탁" 등이라고 구체적으로 작성해야 합니다.

일반적으로 공탁원인사실란 중에'가압류보증'번호 등을 표시하고 있습니다.

(다) 공탁의 근거 법령조항

금전 공탁서(재판상의 조증 등)에는 "민사집행법 제280조, 민사소송법 제124조, 공탁규칙 제20조" 등으로 기재하시면 됩니다.

(라) 관할 법원 명칭

금전 공탁서(재판상의 조증 등)에는 공탁공무원이 속한 그 법원의 정확한 명칭을 기재하여야 합니다.

(마) 공탁은행

금전 공탁서(재판상의 조증 등)는 공탁금을 납부할 은행의 명칭(대개 법원이 지정)합니다.

(바) 기명날인 또는 서명

금전 공탁서(재판상의 조증 등)에는 공탁자가 날인(대리인 신청 시 대리인의 자격·성명·주소 등도 함께 기재 후 날인)하여야 합니다.

2. 금전 공탁서(재판상의 조증 등) 제출·처리 과정

공탁소에 공탁서·담보제공명령서 등 제출 ▷접수 후 담당자가 당사자용 공탁서 1부 반환, ▷이 공탁서를 가지고 지정은행에 공탁금 납부 ▷납부 후 공탁서 사본 또는 납입영수증을 해당 재판부에 제출해 담보제공 사실을 신고하면 됩니다.

3. 향후 절차

담보권리자(피공탁자)는 사유 소멸 시 법원에 담보취소신청을 하여, 법원의 결정정본과 확정증명원을 갖고 공탁금을 반환받을 수 있습니다.

4. 주요 작성 예시

금전 공탁서(재판상의 조증 등)에는 첫째, 사건명(예컨대 ○○○○가단○○○○로 가압류사건) 둘째, 공탁자 ○○○(주민번호, 주소), 셋째, 피공탁자 ○○○(주민번호, 주소). 넷째, 공탁금액(일천만 원(\ 10,000,000). 다섯째, 공탁원인 사실("전주지방법원 ○○○○카단○○○○ 가압류담보제공명령에 의한 공탁"). 여섯째, 첨부서류(담보제공명령서 사본 등)을 기재하시면 됩니다.

제11장 금전 공탁서(형사사건용) 작성방법

금전 공탁서(형사사건용) 작성방법은 일반 변제공탁이나 재판상 보증공탁과는 다른 특례가 적용됩니다. 형사사건에서의 금전공탁은 주로 피해자에 대한 손해배상, 합의금 지급, 피해회복을 목적으로 합니다.

금전 공탁서(형사사건용)는 양형(처벌) 참작에도 중요한 역할을 합니다.

1. 작성 요령 및 기재사항

금전 공탁서(형사사건용)에는 공탁자(피고인)의 인적사항(성명, 주소, 주민등록번호)을 정확히 기재하여야 합니다.

피공탁자(피해자)는 피해자의 성명(실명 또는 가명, 공소장·조서 등에 기재된 대로)을 기재하고, 주소와 주민등록번호는(알 수 없는 경우) 생략할 수 있습니다.

그러나 사건명, 사건번호, 관할법원 명칭을 반드시 기재하여야 합니다.

공탁금액에는 지급할 금액을 한글·한자·숫자로 병기하여 기재하여야 합니다.

(가) 공탁원인사실

금전 공탁서(형사사건용)에는 피해 발생 일시·장소, 피해 내역, 법적 근거(예를 들어"공탁법 제5조의2") 등으로 구체적으로 기재하여야 합니다.

예컨대 "청주지방법원 ○○○○고단○○○○호 사건 관련 피해보상 공탁" 등과 같이 형사사건과 직접 관련 있음을 명확히 기재하여야 합니다.

(나) 공탁근거법령

금전 공탁서(형사사건용)에는 보통"공탁법 제5조의2"를 기재하고 있습니다

(다) 제출일자

금전 공탁서(형사사건용)에는 기명날인(서명 또는 도장)을 하여야 합니다.

2. 첨부서류

금전 공탁서(형사사건용)에는 해당 형사사건이 계속 중임을 확인할 수 있는 서류(공소장 부본, 조서, 판결서 등)을 첨부하여야 합니다.

피해자를 특정할 수 있는 명칭이 기재된 서류(공소장, 판결문 등), 피해자의 인적사항(주소 등)을 알 수 없음을 입증하는 서면(예를 들어 재판장 도장 찍힌 열람불허서, 송달불능우편 등), 특별히 성범죄, 보호사건 등에서 필수입니다.

법인의 경우 대표자 자격증명 자료(최근 3개월 이내 발급분)를 첨부하여야 합니다.

3. 제출 및 처리 절차

금전 공탁서(형사사건용) 2부, 첨부서류 일체를 관할 공탁소(법원 민원실)나 전자공탁 시스템에 제출하여야 합니다.

공탁금 보관은행(법원이 지정)에 금액 납입하시면 됩니다.

공탁관은 법원·검찰에 공탁사실을 통지하고, 전자공탁 홈페이지 등에 공고합니다. 이째 피해자의 인적사항은 비실명 처리됩니다.

피해자가 공탁금을 수령하려면 법원 또는 검찰에서 발급한 동일인 증명서를 제출해야 합니다. 공탁금은 피공탁자가 장기간 찾지 않거나 피공탁자의 동의, 무죄 확정판결 등 특별한 사유가 아니면 피고인(공탁자)이 금전 공탁금(형사사건용)은 회수할 수 없습니다.

4. 작성 예시

금전 공탁서(형사사건용)에는 첫째, 사건명(부산지방검찰청 ○○○○년 형제○○○○ 사기, 의정부지방법원 ○○○○고단○○○○ 사기), 둘째, 공탁자 ○○○(주민번호, 주소), 피공탁자("공소장 상 피해자 ○○○"(주민번호·주소 미기재 가능), 넷째, 공탁금액(삼백만 원(\ 3,000,000), 다섯째, 공탁원인사실(○○○

○고단○○○○호 형사사건의 피해자에 대한 손해배상금 공탁(공탁법 제5조의
2), 여섯째, 첨부서류(공소장 부본, 피해자 인적사항을 알 수 없는 사정에
관한 자료 등)을 기재하여야 합니다.

5. 참고 및 주의사항

금전 공탁서(형사사건용)에는 수정·삭제는 자격 있는 방법(두 줄 긋고 자수,
날인 등)만 허용됩니다. 금전 정정은 원칙적으로 불가합니다. 피해자가 공탁
금 수령 시 사실 확인을 위한 엄정한 절차가 있으므로 각별히 주의하여야 합
니다.

제12장 공탁금 출급·회수 청구서 작성방법

1. 기본 작성 절차

공탁금 출급·회수 청구서는 반드시 2부 작성하여 법원 공탁계(또는 전자공탁 시스템)에 제출하여야 합니다.

2. 주요 기재사항

(1) 공탁번호

공탁서에 기재된 정확한 공탁번호 기재하여야 합니다.

(2) 공탁금액, 청구금액

출급·회수를 원하는 금액(한글·숫자 병기)을 기재하여야 합니다.

(3) 공탁자(또는 청구인) 인적사항

성명, 주소, 주민등록번호(법인의 경우 법인명, 대표자, 법인등록번호)를 기재하여야 합니다.

(4) 피공탁자(상대방) 인적사항

(5) 청구 사유

공탁금 출급·회수 청구 사유(판결확정, 변제수락, 이의 유보 등) 또는 회수 청구 사유(공탁원인 소멸, 판결문, 합의 등)을 기재하시면 됩니다.

(6) 이의유보/공탁수락

공탁금 출급·회수 청구서에 선택하여 표시(이의유보는 이후 분쟁 가능성, 공탁수락은 전면 수락)을 기재하시면 됩니다.

(7) 날짜 및 자필서명 또는 인감도장 날인하여야 합니다. 대리인이 제출할 경우, 대리인 인적사항 및 위임장 첨부하여야 합니다.

3. 첨부서류

공탁금 출급·회수 청구서가 필요합니다. 원칙적으로 공탁관이 발송한 공탁통지서

단, 공탁금 5,000만 원 이하 등 일부 예외사항 존재합니다. 출급권리 증명서 (판결문, 승낙서, 동일인 증명, 공탁서 등)가 있어야 합니다. 반대급부가 필요한 경우 반대급부 이행 확인 서류(판결문, 공문서, 입금증 등)가 필요합니다. 신분증(주민등록증, 운전면허증, 여권), 인감증명서 및 인감도장. 대리인일 경우 위임장과 대리인 신분증이 필요합니다.

4, 회수청구 시

공탁서 원본(5,000만 원 이하 등 예외 시 생략 가능). 회수권리 증명서(담보 취소결정 정본, 확정증명원 등 공탁원인 소멸 증빙). 동일인 확인 또는 이해 관계인 승낙서 등. 신분증, 인감증명서, 인감도장, 위임장(대리인인 경우)이 필요합니다.

5. 실무상 유의할 사항

공탁금 출급·회수 청구서 "비고란(첨부서류 등)" 에 제출하는 서류를 정확하게 기재. 법인·사업자는 사업자등록번호도 명시하면 은행 출급절차가 신속하게 처리됩니다. 공탁번호·금액 등은 반드시 공탁서와 동일하게 작성. 전자공탁의 경우 5,000만 원 이하 건만 온라인 청구할 수 있습니다.

6. 제출 절차

작성한 출급·회수청구서 2부와 필수 첨부서류를 법원 공탁계에 제출. 법원 심사 후 1부 반환, 이를 지정은행(대부분 신한은행)에 제출하여 실출금·수령 가능. 계좌입금 원할 시 '공탁금 계좌 입금 신청서' 별도 제출(계좌는 본인 명의만 가능) 형사공탁, 담보취소 등 특별 사건일 경우 판결문·결정문·확정증명 등 별도 첨부서류가 필요합니다.

7. 기타 참고사항

형사사건/재판상보증 등 특수사건은 해당 사건별 안내를 따라야 합니다. 인감
증명서, 위임장, 판결문 등 필수서류 최신성(3개월 이내) 확인하여야 합니다.
출급·회수 청구서 작성 미흡 시 반려될 수 있습니다.

8. 예시 참고사항

공탁번호: ○○○○-○○○○○호

청구인(공탁자 또는 피공탁자) 성명/주소/주민번호

청구금액 : 오백만 원(\ 5,000,000)

청구사유 : "○○○○가합○○○○ 판결확정 된 손해배상금 출급 청구" 등

첨부 : 판결문, 공탁통지서, 인감증명서, 신분증.

최신서식

제13장 공탁서 최신 양식

[별지] [제1-1호 양식]

금전 공탁서(변제 등)

<table>
<tr><td colspan="2">공 탁 번 호</td><td>년 금 제　　　호</td><td colspan="2">년 월 일 신청</td><td>법령조항</td><td></td></tr>
<tr><td rowspan="4">공
탁
자</td><td>성 명
(상호, 명칭)</td><td></td><td rowspan="4">피
공
탁
자</td><td>성 명
(상호, 명칭)</td><td></td><td></td></tr>
<tr><td>주민등록번호
(법인등록번호)</td><td></td><td>주민등록번호
(법인등록번호)</td><td colspan="2"></td></tr>
<tr><td>주 소
(본점, 주사무소)</td><td></td><td>주 소
(본점, 주사무소)</td><td colspan="2"></td></tr>
<tr><td>전화번호</td><td></td><td>전화번호</td><td colspan="2"></td></tr>
<tr><td colspan="2" rowspan="2">공 탁 금 액</td><td>한글</td><td colspan="2" rowspan="2">보 관 은 행</td><td colspan="2" rowspan="2">은행　　　지점</td></tr>
<tr><td>숫자</td></tr>
<tr><td colspan="2">공탁원인사실</td><td colspan="5"></td></tr>
<tr><td colspan="2">비고(첨부서류 등)</td><td></td><td colspan="4">□ 계좌납입신청
□ 공탁통지 우편료　　　　　　　원</td></tr>
<tr><td colspan="3">1. 공탁으로 인하여 소멸하는 질권,
　 전세권 또는 저당권
2. 반대급부 내용</td><td colspan="4"></td></tr>
<tr><td colspan="7">위와 같이 신청합니다.　　　　　　　　　　　대리인 주소
　　　　　　　　　　　　　　　　　　　　　연락 가능한 전화번호
공탁자 성명　　　(서명 또는 날인)　　　성명　　　　(서명 또는 날인)</td></tr>
<tr><td colspan="7">　위 공탁을 수리합니다.
　공탁금을　　　년　　월　　일까지 위 보관은행의 공탁관 계좌에 납입하시기 바랍니다.
　위 납입기일까지 공탁금을 납입하지 않을 때는 이 공탁 수리결정의 효력이 상실됩니다.
　　　　　　　　　　　　　　년　　　　월　　　　일
　　　　　　　　　　　법원　　　지원 공탁관　　　　　　　(인)</td></tr>
</table>

<table>
<tr><td colspan="3">(영수증) 위 공탁금이 납입되었음을 증명합니다.</td></tr>
<tr><td></td><td></td><td>년   월   일</td></tr>
<tr><td colspan="2">공탁금 보관은행(공탁관)</td><td>(인)</td></tr>
</table>

※ 1. 서명 또는 날인을 하되, 대리인이 공탁할 때에는 대리인의 성명, 주소(자격자대리인은 사무소)를 기재하고 대리인이 서명 또는 날인하여야 합니다. 전자공탁시스템을 이용하여 공탁하는 경우에는 날인 또는 서명은 인증서에 의한 전자서명 방식으로 합니다.
2. 공탁당사자가 국가 또는 지방자치단체인 경우에는 법인등록번호란에 '고유번호'를 기재하시기 바랍니다.
3. 공탁당사자가 국가인 경우 소관청도 기재하시기 바랍니다[예: 대한민국(소관청: ○○○)].
4. 피공탁자의 주소를 기재하는 경우에는 피공탁자의 주소를 소명하는 서면을 첨부하여야 하고, 피공탁자의 주소를 알 수 없는 경우에는 그 사유를 소명하는 서면을 첨부하여야 합니다.
5. 공탁통지서를 발송하여야 하는 경우, 공탁금을 납입할 때 우편료(피공탁자 수 × 1회 발송)도 납부하여야 합니다(공탁신청이 수리된 후 해당 공탁사건번호로 납부하여야 하며, 미리 예납할 수 없습니다).
6. 공탁금 회수청구권은 소멸시효 완성으로 국고에 귀속될 수 있습니다.
7. 공탁서는 재발급 되지 않으므로 잘 보관하시기 바랍니다.

[제1-2호 양식]

<h1 align="center">금전 공탁서(재판상의 보증)</h1>

<table>
<tr>
<td colspan="2">공 탁 번 호</td>
<td>년 금 제
호</td>
<td colspan="2">년 월 일 신청</td>
<td>법령조항</td>
<td></td>
</tr>
<tr>
<td rowspan="4">공
탁
자</td>
<td>성 명
(상호, 명칭)</td>
<td></td>
<td rowspan="4">피
공
탁
자</td>
<td>성 명
(상호, 명칭)</td>
<td></td>
<td></td>
</tr>
<tr>
<td>주민등록번호
(법인등록번호)</td>
<td></td>
<td>주민등록번호
(법인등록번호)</td>
<td></td>
<td></td>
</tr>
<tr>
<td>주 소
(본점, 주사무소)</td>
<td></td>
<td>주 소
(본점, 주사무소)</td>
<td></td>
<td></td>
</tr>
<tr>
<td>전화번호</td>
<td></td>
<td>전화번호</td>
<td></td>
<td></td>
</tr>
<tr>
<td colspan="2" rowspan="2">공 탁 금 액</td>
<td>한글</td>
<td colspan="2" rowspan="2">보 관 은 행</td>
<td>은행   지점</td>
<td></td>
</tr>
<tr>
<td>숫자</td>
<td></td>
<td></td>
</tr>
<tr>
<td colspan="2" rowspan="2">법원의 명칭과
사   건</td>
<td colspan="5">법원   사건</td>
</tr>
<tr>
<td>당사자</td>
<td>원고
신청인
채권자</td>
<td></td>
<td>피고
피신청인
채무자</td>
<td></td>
</tr>
<tr>
<td rowspan="2">공탁
원인</td>
<td>1. 가압류보증
2. 가처분보증</td>
<td colspan="3">6. 강제집행 취소의 보증
7. 강제집행 속행의 보증</td>
<td colspan="2">11. 기타(   )</td>
</tr>
</table>

사실	3. 가압류 취소보증	8. 소송비용 담보	
	4. 가처분 취소보증	9. 가집행 담보	
	5. 강제집행 정지의 보증	10. 가집행을 면하기 위한 담보	

비고(첨부서류 등)	□ 계좌납입신청
위와 같이 신청합니다. 공탁자 성명 (서명 또는 날인)	대리인 주소 연락 가능한 전화번호 성명 (서명 또는 날인)

위 공탁을 수리합니다.
공탁금을   년   월   일까지 위 보관은행의 공탁관 계좌에 납입하시기 바랍니다.
위 납입기일까지 공탁금을 납입하지 않을 때는 이 공탁 수리결정의 효력이 상실됩니다.
                              년   월   일
                              법원 지원 공탁관 (인)	

(영수증) 위 공탁금이 납입되었음을 증명합니다.
                                            년   월   일
          공탁금 보관은행(공탁관) (인)	

※ 1. 서명 또는 날인을 하되, 대리인이 공탁할 때에는 대리인의 성명, 주소(자격자대리인은 사무소)를 기재
    하고 대리인이 서명 또는 날인하여야 합니다. 전자공탁시스템을 이용하여 공탁하는 경우에는 날인 또
    는 서명은 인증서에 의한 전자서명 방식으로 합니다.
  2. 공탁당사자가 국가 또는 지방자치단체인 경우에는 법인등록번호란에 '고유번호'를 기재하시기 바랍니다.
  3. 공탁금 회수청구권은 소멸시효 완성으로 국고에 귀속될 수 있습니다.
  4. 공탁서는 재발급 되지 않으므로 잘 보관하시기 바랍니다.

[제1-3호 양식]

금전 공탁서(가압류해방)

공 탁 번 호	년 금 제 호	년 월 일 신청	법령 조항	민사집행법 제282조
공 탁 자 (가압류 채무자)	성 명 (상호, 명칭)			
	주민등록번호 (법인등록번호)			
	주 소 (본점, 주사무소)			
	전화번호			

<table>
<tr><td rowspan="2">공 탁 금 액</td><td>한글</td><td rowspan="2" colspan="2">보관 은행</td><td rowspan="2" colspan="2">은행　지점</td></tr>
<tr><td>숫자</td></tr>
<tr><td rowspan="2">법원의 명칭과
사　　　　건</td><td colspan="3">법원</td><td colspan="2">사건</td></tr>
<tr><td>당 사 자</td><td>채 권 자</td><td></td><td>채 무 자</td><td></td></tr>
<tr><td>공탁원인사실</td><td colspan="5">위 사건의 가압류 집행 취소를 위한 해방공탁</td></tr>
<tr><td>비고(첨부서류 등)</td><td colspan="5">1. 가압류 결정문 사본
2.　　　　　　　　　　　　　　　　　　　　　□ 계좌납입신청</td></tr>
<tr><td colspan="6">위와 같이 신청합니다.　　　　　　　　　　대리인 주소
　　　　　　　　　　　　　　　　　　　　연락 가능한 전화번호
공탁자　성명　　　　(서명 또는 날인)　　성명　　　　(서명 또는 날인)</td></tr>
<tr><td colspan="6">위 공탁을 수리합니다.
공탁금을　　년　월　일까지 위 보관은행의 공탁관 계좌에 납입하시기 바랍니다.
위 납입기일까지 공탁금을 납입하지 않을 때는 이 공탁 수리결정의 효력이 상실됩니다.
　　　　　　　　　　　　　　년　　　월　　　　일
　　　　　　　　　법원　　　지원　공탁관　　　　　　　(인)</td></tr>
<tr><td colspan="6">(영수증)　위 공탁금이 납입되었음을 증명합니다.
　　　　　　　　　　　　　　　　　　년　　　월　　　일
　　　　　공탁금　보관은행(공탁관)　　　　　　(인)</td></tr>
</table>

※ 1. 서명 또는 날인을 하되, 대리인이 공탁할 때에는 대리인의 성명, 주소(자격자대리인은 사무소)를 기재
　　　하고 대리인이 서명 또는 날인하여야 합니다.
　2. 공탁당사자가 국가 또는 지방자치단체인 경우에는 법인등록번호란에 '고유번호'를 기재하시기 바랍니다.
　3. 공탁금 회수청구권은 소멸시효 완성으로 국고에 귀속될 수 있습니다.
　4. 공탁서는 재발급 되지 않으므로 잘 보관하시기 바랍니다.

[제1-4호 양식]

금전 공탁서(영업보증)

공 탁 번 호	년 금 제 호		년 월 일 신청	법령조항	
공 탁 금 액	한글		보 관 은 행		은행 지점
	숫자				
공 탁 자 (가압류 채무자)	성 명 (상호, 명칭)				
	주민등록번호 (법인등록번호)				
	주 소 (본점, 주사무소)				
	전화번호				
공탁원인사실					
관공서의 명칭, 건명(허가번호 등)					
비고(첨부서류 등)	□ 계좌납입신청				

위와 같이 신청합니다.　　　　　　　　　　대리인 주소

　　　　　　　　　　　　　　　　　　　　연락 가능한 전화번호

공탁자 성명　　　(서명 또는 날인)　　성명　　　　(서명 또는 날인)

위 공탁을 수리합니다.

공탁금을　　년　월　일까지 위 보관은행의 공탁관 계좌에 납입하시기 바랍니다.

위 납입기일까지 공탁금을 납입하지 않을 때는 이 공탁 수리결정의 효력이 상실됩니다.

　　　　　　　　　　　　　　　　년　　　　월　　　　일

　　　　　　　　　　　　　　법원　　　지원 공탁관　　　　　(인)

(영수증) 위 공탁금이 납입되었음을 증명합니다.

　　　　　　　　　　　　　　　　　　　년　　　　월　　　　일

　　　　　　　　공탁금 보관은행(공탁관)　　　　(인)

※ 1. 서명 또는 날인을 하되, 대리인이 공탁할 때에는 대리인의 성명, 주소(자격자대리인은 사무소)를 기재
　　 하고 대리인이 서명 또는 날인하여야 합니다. 전자공탁시스템을 이용하여 공탁하는 경우에는 날인 또
　　 는 서명은 인증서에 의한 전자서명 방식으로 합니다.
　2. 공탁금 회수청구권은 소멸시효 완성으로 국고에 귀속될 수 있습니다.
　3. 공탁서는 재발급 되지 않으므로 잘 보관하시기 바랍니다.

[제1-5호 양식]

유가증권 공탁서(변제 등)

<table>
<tr><td>공 탁 번 호</td><td>년 금 제 　 호</td><td colspan="2">년 월 일 신청</td><td>법령조항</td><td></td></tr>
<tr><td rowspan="4">공
탁
자</td><td>성 명
(상호, 명칭)</td><td></td><td rowspan="4">피
공
탁
자</td><td>성 명
(상호, 명칭)</td><td></td></tr>
<tr><td>주민등록번호
(법인등록번호)</td><td></td><td>주민등록번호
(법인등록번호)</td><td></td></tr>
<tr><td>주 소
(본점, 주사무소)</td><td></td><td>주 소
(본점, 주사무소)</td><td></td></tr>
<tr><td>전화번호</td><td></td><td>전화번호</td><td></td></tr>
<tr><td colspan="3">공탁유가증권</td><td rowspan="3">공탁
원인
사실</td><td colspan="2"></td></tr>
<tr><td>명 칭</td><td></td><td>계</td><td colspan="2"></td></tr>
<tr><td>장 수</td><td></td><td></td><td colspan="2"></td></tr>
<tr><td>총액면금</td><td>한글
숫자</td><td></td><td colspan="2">1. 공탁으로 인하여
　 소멸하는 질권,
　 전세권 또는 저당권</td><td></td></tr>
<tr><td>액면금
기호번호</td><td></td><td></td><td colspan="2">2. 반대급부 내용</td><td></td></tr>
<tr><td>부속이표</td><td></td><td></td><td>보 관 은 행</td><td>은행 　 지점</td><td></td></tr>
<tr><td>최종 상환기</td><td></td><td></td><td colspan="2">비 고</td><td></td></tr>
<tr><td colspan="6">위와 같이 신청합니다.　　　　　　　　　　　　대리인 주소
　　　　　　　　　　　　　　　　　　　　　　연락 가능한 전화번호

　공탁자 성명　　　　(서명 또는 날인)　　　성명　　　　　(서명 또는 날인)</td></tr>
<tr><td colspan="6">위 공탁을 수리합니다.
　공탁금을 　 년 　 월 　 일까지 위 보관은행의 공탁관 계좌에 납입하시기 바랍니다.
　위 납입기일까지 공탁금을 납입하지 않을 때는 이 공탁 수리결정의 효력이 상실됩니다.
　　　　　　　　　　　　　　　　年　　　　月　　　　日
　　　　　　　　　　　　법원　　　　지원 공탁관　　　　　　　　(인)</td></tr>
</table>

<table>
<tr><td colspan="2">(영수증) 위 공탁금이 납입되었음을 증명합니다.

                                                      년   월   일
        공탁금 보관은행(공탁관)   (인)</td></tr>
</table>

※ 1. 서명 또는 날인을 하되, 대리인이 공탁할 때에는 대리인의 성명, 주소(자격자대리인은 사무소)를 기재하고 대리인이 서명 또는 날인하여야 합니다.
   2. 공탁당사자가 국가 또는 지방자치단체인 경우에는 법인등록번호란에 '고유번호'를 기재하시기 바랍니다.
   3. 공탁통지서를 발송하여야 하는 경우, 공탁금을 납입할 때 우편료(피공탁자 수 × 1회 발송)도 납부하여야 합니다(**공탁신청이 수리된 후 해당 공탁사건번호로 납부하여야 하며, 미리 예납할 수 없습니다**).
   4. 공탁서는 재발급 되지 않으므로 잘 보관하시기 바랍니다.

[제1-6호 양식]

유가증권 공탁서(재판상의 보증)

공 탁 번 호		년 금 제 호		년 월 일 신청	법령조항	
공 탁 자	성 명 (상호, 명칭)		피 공 탁 자	성 명 (상호, 명칭)		
	주민등록번호 (법인등록번호)			주민등록번호 (법인등록번호)		
	주 소 (본점, 주사무소)			주 소 (본점, 주사무소)		
	전화번호			전화번호		

공탁유가증권				법원의 명칭과 사건	법원 사건			
명 칭			계		당 사 자	원고 신청인 채권자		피고 피신청인 채무자
장 수								
총액면금	한글 숫자							
액면금 기호번호				공 탁 원 인 사 실	1. 가압류보증　　　　7. 강제집행속행보증 2. 가처분보증　　　　8. 소송비용담보 3. 가압류취소보증　　9. 가집행담보 4. 가처분취소보증　　10. 가집행을 면하기 5. 강제집행정지보증　　　　위한 담보 6. 강제집행취소보증　　11. 기타(　　　　)			
부속이표				보 관 은 행		은행 지점		
최종 상환기				비고(첨부서류 등)				

위와 같이 신청합니다.	대리인 주소
	연락 가능한 전화번호
공탁자 성명　　　　(서명 또는 날인)	성명　　　　(서명 또는 날인)

위 공탁을 수리합니다.

공탁금을　　　년　　월　　일까지 위 보관은행의 공탁관 계좌에 납입하시기 바랍니다.

위 납입기일까지 공탁금을 납입하지 않을 때는 이 공탁 수리결정의 효력이 상실됩니다.

년　　　　월　　　　일

법원　　　　지원　공탁관　　　　　　(인)

(영수증)　위 공탁금이 납입되었음을 증명합니다.

년　　　　월　　　　일

공탁금 보관은행(공탁관)　　　　　　(인)

※ 1. 서명 또는 날인을 하되, 대리인이 공탁할 때에는 대리인의 성명, 주소(자격자대리인은 사무소)를 기재
하고 대리인이 서명 또는 날인하여야 합니다.
2. 재판상 보증공탁 등 손해담보공탁으로서 공탁 당시에 손해담보권리자가 특정될 수 있는 경우에는 손해
담보권리자를 피공탁자로 기재하여야 합니다.
3. 공탁당사자가 국가 또는 지방자치단체인 경우에는 법인등록번호란에 '고유번호'를 기재하시기 바랍니다.
4. 공탁당사자가 국가인 경우 소관청도 기재하시기 바랍니다[예: 대한민국(소관청: ㅇㅇㅇ)].
5. 공탁서는 재발급 되지 않으므로 잘 보관하시기 바랍니다.

[제1-7호 양식]

유가증권 공탁서(영업보증)

공 탁 번 호	년 금 제 　　　 호		년 월 일 신청	법령조항	
공 탁 자 (가압류 채무자)	성　명 (상호, 명칭)				
	주민등록번호 (법인등록번호)				
	주　소 (본점, 주사무소)				
	전화번호				
공탁유가증권				공탁 원인 사실	
명 칭			계		
장 수					

총액면금	한글 숫자			관공서의 명칭, 건명,허가번호 등			
액면금 기호번호							
부속이표				보 관 은 행		은행	지점
최종 상환기				비 고			

위와 같이 신청합니다.　　　　　　　　　　　　대리인 주소

　　　　　　　　　　　　　　　　　　　　　연락 가능한 전화번호

공탁자 성명　　　　　(서명 또는 날인)　　성명　　　　　(서명 또는 날인)

위 공탁을 수리합니다.

공탁금을　　년　월　일까지 위 보관은행의 공탁관 계좌에 납입하시기 바랍니다.

위 납입기일까지 공탁금을 납입하지 않을 때는 이 공탁 수리결정의 효력이 상실됩니다.

　　　　　　　　　　　　　　　년　　　　월　　　　일

　　　　　　　　　　　　법원　　　지원 공탁관　　　　　　　(인)

(영수증)　위 공탁금이 납입되었음을 증명합니다.

　　　　　　　　　　　　　　　　　　　　　년　　　월　　　일

　　　　　　　공탁금 보관은행(공탁관)　　　　　　(인)

※ 1. 서명 또는 날인을 하되, 대리인이 공탁할 때에는 대리인의 성명, 주소(자격자대리인은 사무소)를 기재
　　　하고 대리인이 서명 또는 날인하여야 합니다.
　　2. 공탁당사자가 국가 또는 지방자치단체인 경우에는 법인등록번호란에 '고유번호'를 기재하시기 바랍니다.
　　3. 공탁서는 재발급 되지 않으므로 잘 보관하시기 바랍니다.

[제1-8호 양식]

물품 공탁서

	공 탁 번 호		년 금 제 　 호		년 월 일 신청	법령조항	
공 탁 자	성 명 (상호, 명칭)			피 공 탁 자	성 명 (상호, 명칭)		
	주민등록번호 (법인등록번호)				주민등록번호 (법인등록번호)		
	주 소 (본점, 주사무소)				주 소 (본점, 주사무소)		
	전화번호				전화번호		

<table>
<tr><td colspan="4" align="center">공탁유가증권</td><td rowspan="3" align="center">공탁
원인
사실</td><td rowspan="3"></td></tr>
<tr><td align="center">명 칭</td><td></td><td></td><td align="center">계</td></tr>
<tr><td align="center">장 수</td><td></td><td></td><td></td></tr>
<tr><td align="center">총액면금</td><td>한글
숫자</td><td></td><td></td><td></td><td></td></tr>
<tr><td rowspan="2" align="center">액면금
기호번호</td><td rowspan="2"></td><td rowspan="2"></td><td rowspan="2"></td><td>1. 공탁으로 인하여
　소멸하는 질권,
　전세권 또는 저당권</td><td></td></tr>
<tr><td>2. 반대급부 내용</td><td></td></tr>
<tr><td align="center">부속이표</td><td></td><td></td><td></td><td align="center">보관자</td><td></td></tr>
<tr><td align="center">최종 상환기</td><td></td><td></td><td></td><td align="center">비고</td><td></td></tr>
<tr><td colspan="6">위와 같이 신청합니다.　　　　　　　　대리인 주소
　　　　　　　　　　　　　　　　　　연락 가능한 전화번호
공탁자 성명　　　(서명 또는 날인)　성명　　　　(서명 또는 날인)</td></tr>
<tr><td colspan="6">위 공탁을 수리합니다.
공탁금을　　년　월　일까지 위 보관은행의 공탁관 계좌에 납입하시기 바랍니다.
위 납입기일까지 공탁금을 납입하지 않을 때는 이 공탁 수리결정의 효력이 상실됩니다.
　　　　　　　　　　　　　　　　년　　　월　　　　일
　　　　　　　　　　　　　법원　　　지원 공탁관　　　　　　(인)</td></tr>
<tr><td colspan="6">(영수증) 위 공탁금이 납입되었음을 증명합니다.
　　　　　　　　　　　　　　　　　　　　년　　　월　　　일
　　　　공탁금 보관은행(공탁관)　　　　　　　(인)</td></tr>
</table>

※ 1. 서명 또는 날인을 하되, 대리인이 공탁할 때에는 대리인의 성명, 주소(자격자대리인은 사무소)를 기재
하고 대리인이 서명 또는 날인하여야 합니다.
2. 공탁통지서를 발송하여야 하는 경우, 공탁금을 납입할 때 우편료(피공탁자 수 × 1회 발송)도 납부하여
야 합니다(**공탁신청이 수리된 후 해당 공탁사건번호로 납부하여야 하며, 미리 예납할 수 없습니다**).
3. 공탁서는 재발급 되지 않으므로 잘 보관하시기 바랍니다.

[제1-9호 양식]

금전 공탁서(형사사건용)

공 탁 번 호	년 금 제 호	년 월 일 신청	법령조항	민법487조

<table>
<tr><td rowspan="4">공
탁
자</td><td>성 명
(상호, 명칭)</td><td></td><td rowspan="4">피
공
탁
자</td><td>성 명
(상호, 명칭)</td><td></td></tr>
<tr><td>주민등록번호
(법인등록번호)</td><td></td><td>주민등록번호
(법인등록번호)</td><td></td></tr>
<tr><td>주 소
(본점, 주사무소)</td><td></td><td>주 소
(본점, 주사무소)</td><td></td></tr>
<tr><td>전화번호</td><td></td><td>전화번호</td><td></td></tr>
<tr><td rowspan="2">공 탁 금 액</td><td>한글</td><td></td><td rowspan="2">보 관 은 행</td><td colspan="2">은행   지점</td></tr>
<tr><td>숫자</td><td></td></tr>
<tr><td rowspan="2">형사
사건</td><td>사건번호</td><td colspan="4">경찰서   년제   호
지방검찰청   지청   년 형제   호
지방법원   지원   년 고단(합) 제   호</td></tr>
<tr><td>사건명</td><td colspan="4"></td></tr>
<tr><td colspan="2">공탁원인사실</td><td colspan="4"></td></tr>
<tr><td colspan="2">비고
(첨부서류 등)</td><td></td><td colspan="3">□ 계좌납입신청
□ 공탁통지 우편료   원</td></tr>
<tr><td colspan="2">반대급부
내 용 등</td><td colspan="4"></td></tr>
</table>

위와 같이 신청합니다.　　　　　　　　대리인 주소

　　　　　　　　　　　　　　　　　　연락 가능한 전화번호

공탁자 성명　　　(서명 또는 날인)　　　성명　　　(서명 또는 날인)

위 공탁을 수리합니다.

　공탁금을　　년　　월　　일까지 위 보관은행의 공탁관 계좌에 납입하시기 바랍니다.

　위 납입기일까지 공탁금을 납입하지 않을 때는 이 공탁 수리결정의 효력이 상실됩니다.

　　　　　　　　　　　　　　년　　　　월　　　　일

　　　　　　　　　　　　법원　　　지원 공탁관　　　　　　(인)

(영수증) 위 공탁금이 납입되었음을 증명합니다.		
		년 월 일
공탁금 보관은행(공탁관)		(인)

※ 1. **공탁법 제9조의2제1항에 따라 공탁자는 ① 공탁물의 수령인으로 지정된 자가 공탁물의 회수에 동의하거나 공탁물의 수령을 거절하는 의사를 공탁소에 통고한 경우, ② 공탁의 원인이 된 해당 형사사건에서 무죄판결이 확정되거나 불기소 결정(기소유예는 제외)이 있는 경우 외에는 공탁금에 대한 회수청구권을 행사할 수 없음을 유의하시기 바랍니다.**

2. 서명 또는 날인을 하되, 대리인이 공탁할 때에는 대리인의 성명, 주소(자격자대리인은 사무소)를 기재하고 대리인이 서명 또는 날인하여야 합니다. 전자공탁시스템을 이용하여 공탁하는 경우에는 날인 또는 서명은 인증서에 의한 전자서명 방식으로 합니다.

3. 공탁금 납입 후 은행으로부터 받은(전자공탁시스템을 이용하여 공탁하는 경우에는 전산시스템으로 출력한) 공탁서 원본을 형사사건이 최종 계류 중인 경찰서나 검찰청 또는 법원에 제출하시기 바랍니다.

4. 공탁통지서를 발송하여야 하는 경우, 공탁금을 납입할 때 우편료(피공탁자 수 × 1회 발송)도 납부하여야 합니다(**공탁신청이 수리된 후 해당 공탁사건번호로 납부하여야 하며, 미리 예납할 수 없습니다**).

5. 공탁금 회수청구권은 소멸시효 완성으로 국고에 귀속될 수 있습니다.

6. 공탁서는 재발급 되지 않으므로 잘 보관하시기 바랍니다.

[제2-1호 양식]

금전 공탁통지서

<table>
<tr><td colspan="2" align="center">공 탁 번 호</td><td align="center">년 금 제   호</td><td colspan="2" align="center">년 월 일 신청</td><td align="center">법령조항</td><td></td></tr>
<tr><td rowspan="4" align="center">공
탁
자</td><td align="center">성 명
(상호, 명칭)</td><td></td><td rowspan="4" align="center">피
공
탁
자</td><td align="center">성 명
(상호, 명칭)</td><td></td><td></td></tr>
<tr><td align="center">주민등록번호
(법인등록번호)</td><td></td><td align="center">주민등록번호
(법인등록번호)</td><td></td><td></td></tr>
<tr><td align="center">주 소
(본점, 주사무소)</td><td></td><td align="center">주 소
(본점, 주사무소)</td><td></td><td></td></tr>
<tr><td align="center">전화번호</td><td></td><td align="center">전화번호</td><td></td><td></td></tr>
<tr><td colspan="2" align="center">공 탁 금 액</td><td align="center">한글</td><td colspan="2" align="center" rowspan="2">보 관 은 행</td><td align="center" rowspan="2">은행   지점</td><td rowspan="2"></td></tr>
<tr><td colspan="2"></td><td align="center">숫자</td></tr>
<tr><td colspan="2" align="center">공탁원인사실</td><td colspan="5"></td></tr>
<tr><td colspan="2">1. 공탁으로 인하여
　소멸하는 질권,
　전세권 또는 저당권
2. 반대급부 내용</td><td colspan="5"></td></tr>
</table>

위와 같이 통지합니다. 대리인 주소
연락 가능한 전화번호

공탁자 성명 (서명 또는 날인) 성명 (서명 또는 날인)

1. 위 공탁금이 년 월 일 납입되었으므로 [별지] 안내문의 구비 서류 등을 지참하시고, 우리 법원 공탁소에 출석하여 공탁금 출급청구를 할 수 있습니다.
   귀하가 공탁금 출급청구를 하거나 공탁을 수락한다는 내용을 기재한 서면을 우리 공탁소에 제출하기 전에는 공탁자가 공탁금을 회수할 수 있습니다.

2. 공탁금 출급 청구시 구비 서류 등
   ※ [별지] 안내문을 참조하시기 바랍니다.

3. **공탁금액이 5천만원 이하인 경우에는 법원 전자공탁홈페이지(http://ekt.scourt.go.kr)를 이용하여 인터넷으로 공탁금 출급청구를 할 수 있습니다. 이 경우 인감증명서(또는 본인서명사실확인서)는 첨부하지 않습니다.**
   ※ 전자공탁홈페이지에서 이체 가능한 은행을 확인 후, 청구하시기 바랍니다.

4. 공탁금은 그 출급청구권을 행사할 수 있는 때로부터 10년 내에 출급청구를 하지 않을 때에는 특별한 사유(소멸시효 중단 등)가 없는 한 소멸시효가 완성되어 국고로 귀속되게 됩니다.

5. 공탁금에 대하여 이의가 있는 경우에는 공탁금 출급청구를 할 때에 청구서에 이의유보 사유(예컨대 "손해배상금 중의 일부로 수령함" 등)를 표시하고 공탁금을 지급받을 수 있으며, 이 경우에는 후에 다른 민사소송 등의 방법으로 권리를 주장할 수 있습니다.

6. 공탁통지서는 재발급되지 않으므로 잘 보관하시기 바랍니다.

7. 사건 내용은 법원 전자공탁홈페이지에서 조회할 수 있으며, 통지서 하단에 발급확인번호가 기재되어 있는 경우에는 전자문서로 신청된 사건이므로 전자공탁홈페이지에서 공탁관련 문서를 열람할 수 있습니다.

년 월 일 발송

법원 지원 공탁관 (인)
(문의 전화:)

※ 피공탁자가 국가인 경우 공탁통지서는 소관청의 장에게 발송합니다.

[제2-2호 양식]

유가증권 공탁통지서

<table>
<tr><td colspan="2">공 탁 번 호</td><td colspan="2">년 금 제　　호</td><td colspan="2">년 월 일 신청</td><td>법령조항</td><td></td></tr>
<tr><td rowspan="2">공
탁
자</td><td>성 명
(상호, 명칭)</td><td colspan="2"></td><td rowspan="2">피
공
탁
자</td><td>성 명
(상호, 명칭)</td><td colspan="2"></td></tr>
<tr><td>주 소
(본점, 주사무소)</td><td colspan="2"></td><td>주 소
(본점, 주사무소)</td><td colspan="2"></td></tr>
<tr><td colspan="4" align="center">공탁유가증권</td><td rowspan="3">공탁
원인
사실</td><td colspan="2"></td></tr>
<tr><td colspan="2" align="center">명 칭</td><td></td><td>계</td><td colspan="2"></td></tr>
<tr><td colspan="2" align="center">장 수</td><td></td><td></td><td colspan="2"></td></tr>
<tr><td rowspan="2">총액면금</td><td>한글</td><td></td><td></td><td rowspan="2">1. 공탁으로 인하여
　 소멸하는 질권, 전
　 세권 또는 저당권</td><td colspan="2"></td></tr>
<tr><td>숫자</td><td></td><td></td><td colspan="2"></td></tr>
<tr><td>액면금
기호번호</td><td></td><td></td><td></td><td>2. 반대급부 내용</td><td colspan="2"></td></tr>
<tr><td>부속이표</td><td></td><td></td><td></td><td align="center">보 관 은 행</td><td>은행　지점</td><td></td></tr>
<tr><td>최종 상환기</td><td></td><td></td><td></td><td align="center">비 고</td><td colspan="2"></td></tr>
</table>

위와 같이 통지합니다. 　　　　　　　　　　　　대리인 주소

　　　　　　　　　　　　　　　　　　　　　　　연락 가능한 전화번호

공탁자 성명　　　　　(서명 또는 날인)　　　　성명　　　　　　(서명 또는 날인)

1. 위 공탁유가증권이 　년 　월 　일 납입되었으므로 [별지] 안내문의 구비서류 등을 지참하시고, 우리 법원 공탁소에 출석하여 공탁유가증권 출급청구를 할 수 있습니다.

   귀하가 공탁유가증권 출급청구를 하거나 공탁을 수락한다는 내용을 기재한 서면을 우리 공탁소에 제출하기 전에는 공탁자가 공탁유가증권을 회수할 수 있습니다.

2. 공탁유가증권 출급청구시 구비서류 등

   ※ [별지] 안내문을 참조하시기 바랍니다.

3. 공탁유가증권에 대하여 이의가 있는 경우에는 공탁유가증권 출급청구를 할 때에 청구서에 이의유보사유(예컨대 "손해배상금 중의 일부로 수령함" 등)를 표시하고 공탁유가증권을 지급받을 수 있으며, 이 경우에는 후에 다른 민사소송 등의 방법으로 권리를 주장할 수 있습니다.

4. 공탁통지서는 재발급 되지 않으므로 잘 보관하시기 바랍니다.

　　　　　　　　　　　　　　　　　년　　　　월　　　　일

　　　　　　　　　　　　　　법원　　　　지원 공탁관　　　　　　　　(인)

　　　　　　　　　　　　　　(문의전화 :　　　　　　　　　　　　　)

※ 피공탁자가 국가인 경우 공탁통지서는 소관청의 장에게 발송함.

[제2-3호 양식]

물품 공탁통지서

<table>
<tr><td colspan="2">공 탁 번 호</td><td colspan="2">년 금 제 　 호</td><td colspan="2">년 월 일 신청</td><td>법령조항</td><td></td></tr>
<tr><td rowspan="2">공
탁
자</td><td>성 명
(상호, 명칭)</td><td></td><td rowspan="2">피
공
탁
자</td><td colspan="2">성 명
(상호, 명칭)</td><td></td><td></td></tr>
<tr><td>주 소
(본점, 주사무소)</td><td></td><td colspan="2">주 소
(본점, 주사무소)</td><td></td><td></td></tr>
<tr><td colspan="3">공 탁 물 품</td><td rowspan="2">공탁
원인
사실</td><td colspan="4"></td></tr>
<tr><td>명 칭</td><td>종 류</td><td>수 량</td><td colspan="4"></td></tr>
<tr><td></td><td></td><td></td><td></td><td colspan="2">1. 공탁으로 인하여
　 소멸하는 질권,
　 전세권 또는 저당권</td><td></td></tr>
<tr><td></td><td></td><td></td><td></td><td colspan="2"></td><td></td></tr>
<tr><td></td><td></td><td></td><td></td><td colspan="2">2. 반대급부 내용</td><td></td></tr>
<tr><td></td><td></td><td></td><td></td><td colspan="2">비 고</td><td></td></tr>
</table>

위와 같이 통지합니다.　　　　　　　　　　　대리인 주소

　　　　　　　　　　　　　　　　　　　　　연락 가능한 전화번호

공탁자 성명　　　(서명 또는 날인)　　성명　　　　(서명 또는 날인)

1. 위 공탁물품이　　　년　　월　　일 납입되었으므로 아래와 같은 구비서류를 지참하시고,
   우리 법원 공탁소에 출석하여 공탁물품 출급청구를 할 수 있습니다.
   귀하가 공탁물품 출급청구를 하거나 공탁을 수락한다는 내용을 기재한 서면을 우리 공탁
   소에 제출하기 전에는 공탁자가 공탁물품을 회수할 수 있습니다.

2. 공탁물품 출급 청구 시 구비 서류: ①출급청구서 2통, ②공탁통지서, ③인감증명서 1통,
   　　　　　　　　　　　　　　　④인감도장,　　　⑤신분증
   ※ 대리인이 올 경우에는 위 구비서류 ①, ② 외에 위임장(본인의 인감도장이 찍힌 것),
   　 본인의 인감증명서, 대리인의 신분증을 지참하여야 합니다.

3. 공탁물품에 대하여 이의가 있는 경우에는 공탁물품 출급청구를 할 때에 청구서에 이의유
   보 사유(예컨대 "손해배상금 중의 일부로 수령함" 등)를 적고 공탁물품을 지급받을 수 있
   으며, 이 경우에는 후에 다른 민사소송 등의 방법으로 권리를 주장할 수 있습니다.

4. 공탁통지서는 재발급 되지 않으므로 잘 보관하시기 바랍니다.

　　　　　　　　　　　　　　　　년　　　　월　　　　일

　　　　　　　　　　　　　　법원　　　　지원 공탁관　　　　　　　　(인)

　　　　　　　　　　　　　　(문의 전화:　　　　　　　　　　　　)

※ 인감을 날인하고 인감증명서를 첨부하여야 하는 경우, 이를 갈음하여 서명을 하고 본인서명사실확인서를
　 제출할 수 있습니다.

[제2-4호 양식]

금전 공탁통지서(형사사건용)

<table>
<tr><td colspan="2">공 탁 번 호</td><td colspan="2">년 금 제　　호</td><td colspan="2">년 월 일 신청</td><td>법령조항</td><td></td></tr>
<tr><td rowspan="2">공
탁
자</td><td>성 명
(상호, 명칭)</td><td></td><td rowspan="2">피
공
탁
자</td><td colspan="2">성 명
(상호, 명칭)</td><td colspan="2"></td></tr>
<tr><td>주 소
(본점, 주사무소)</td><td></td><td colspan="2">주 소
(본점, 주사무소)</td><td colspan="2"></td></tr>
<tr><td colspan="2" rowspan="2">공 탁 금 액</td><td>한글</td><td></td><td colspan="2" rowspan="2">보 관 은 행</td><td>은행</td><td>지점</td></tr>
<tr><td>숫자</td><td></td><td colspan="2"></td></tr>
<tr><td rowspan="4">형
사
사
건</td><td rowspan="3">사건번호</td><td colspan="2">경찰서</td><td>년제</td><td>호</td><td></td><td></td></tr>
<tr><td colspan="2">지방검찰청　지청</td><td colspan="2">년 형제　　호</td><td></td><td></td></tr>
<tr><td colspan="2">지방법원　지원</td><td colspan="4">년 고단(합) 제　　호</td></tr>
<tr><td>사건명</td><td colspan="6"></td></tr>
<tr><td colspan="2">공 탁 원 인
사　　실</td><td colspan="6"></td></tr>
<tr><td colspan="2">반대급부 내용 등</td><td colspan="6"></td></tr>
</table>

위와 같이 통지합니다.　　　　　　　　　대리인 주소

　　　　　　　　　　　　　　　　　　　연락 가능한 전화번호

공탁자 성명　　　　(서명 또는 날인)　　　성명　　　　(서명 또는 날인)

1. 위 공탁금이 　 년 　 월 　 일 납입되었으므로 [별지] 안내문의 구비서류 등을 지참하시고 우리 법원 공탁소에 출석하여 공탁금 출급청구를 할 수 있습니다.

2. 공탁금액이 5천만원 이하인 경우에는 법원 전자공탁홈페이지(http://ekt.scourt.go.kr)를 이용하여 인터넷으로 공탁금 출급청구를 할 수 있습니다. 이 경우 인감증명서(또는 본인 서명사실확인서)는 첨부하지 않습니다.

   ※ 전자공탁홈페이지에서 이체 가능한 은행을 확인 후, 청구하시기 바랍니다.

3. 공탁법 제9조의2제1항에 따라 공탁자는 ① 공탁물의 수령인으로 지정된 자가 공탁물의 회수에 동의하거나 공탁물의 수령을 거절하는 의사를 공탁소에 통고한 경우, ② 공탁의 원인이 된 해당 형사사건에서 무죄판결이 확정되거나 불기소 결정(기소유예는 제외)이 있는 경우 외에는 공탁금에 대한 회수청구권을 행사할 수 없습니다.

4. 공탁금은 그 출급청구권을 행사할 수 있는 때로부터 10년 내에 출급청구를 하지 않을 때에는 특별한 사유(소멸시효 중단 등)가 없는 한 소멸시효가 완성되어 국고로 귀속되게 됩니다.

5. 공탁금에 대하여 이의가 있는 경우에는 공탁금 출급청구를 할 때에 청구서에 이의유보 사유(예컨대 "손해배상금 중의 일부로 수령함" 등)를 표시하고 공탁금을 지급받을 수 있으며, 이 경우에는 후에 다른 민사소송 등의 방법으로 권리를 주장할 수 있습니다.

6. 공탁통지서는 재발급되지 않으므로 잘 보관하시기 바랍니다.

7. 사건 내용은 법원 전자공탁홈페이지에서 조회할 수 있으며, 통지서 하단에 발급확인번호가 기재되어 있는 경우에는 전자문서로 신청된 사건이므로 전자공탁홈페이지에서 공탁관련 문서를 열람할 수 있습니다.

년　　　월　　　일

법원　　　지원 공탁관　　　　　　(인)

(문의 전화:　　　　　　)

공 탁 물 품 납 입 서

			공탁물보관자	귀중
공 탁 번 호	접 수 일 자	취 급 자	검 인	계 인
년 물제　　호	년　월　일	㉘		
물 품 명 칭	종 류	수 량	비 고	

위 공탁물품을 납입합니다.

년　　　월　　　일

법원　　　지원 공탁관　　　　　(인)

[제4호 양식]

공 탁 물 품 납 입 통 지 서

<table>
<tr><td colspan="4"></td><td colspan="2" align="right">법원　　　지원 공탁관　　　귀하</td></tr>
<tr><td>물품의 명칭</td><td>종 류</td><td>수 량</td><td>납입 연월일</td><td colspan="2">공탁번호:　　　년 물 제　　　호</td></tr>
<tr><td></td><td></td><td></td><td></td><td rowspan="3">공
탁
자</td><td>성명
(상호, 명칭)</td></tr>
<tr><td></td><td></td><td></td><td></td><td>생년월일
(법인등록번호)</td></tr>
<tr><td></td><td></td><td></td><td></td><td>주소
(본점, 주사무소)</td></tr>
<tr><td></td><td></td><td></td><td></td><td rowspan="3">대
리
인</td><td>성명
(상호, 명칭)</td></tr>
<tr><td></td><td></td><td></td><td></td><td>생년월일
(법인등록번호)</td></tr>
<tr><td></td><td></td><td></td><td></td><td>주소
(본점, 주사무소)</td></tr>
<tr><td colspan="6">위 공탁물품이 납입되었음을 알려드립니다.

　　　　　　　　　　　　　　　　　　　　　　　　　　년　　　월　　　일

　　　　　　　　　　　　　　공탁물보관자　　　　　　　　　　(인)</td></tr>
</table>

[제5호 양식]

공탁서 정정신청서

<table>
<tr><td rowspan="3">공
탁
사
건</td><td>공 탁 번 호</td><td></td><td>공 탁 종 류</td><td></td></tr>
<tr><td>공 탁 자</td><td></td><td>피 공 탁 자</td><td></td></tr>
<tr><td>공탁 목적물</td><td></td><td>공탁수리
연월일</td><td></td></tr>
<tr><td>정
정
할
사
항</td><td colspan="4"></td></tr>
<tr><td>비고(첨부서류 등)</td><td colspan="4"></td></tr>
</table>

위와 같이 공탁서 정정신청을 합니다.

년　　　월　　　일

신청인 성명　　　　　(서명 또는 날인)　　대리인·주소

　　　　　　　　　　　　　　　　　성명　　　　　　　　(서명 또는 날인)

위 정정신청을 수리합니다.

년　　　월　　　일

　　　　　　　　　　　법원　　　　지원 공탁관　　　　　　(인)

※ 1. 서명 또는 날인을 하되, 대리인이 공탁할 때에는 대리인의 성명, 주소(자격자대리인은 사무소)를 기재하고 대리인이 서명 또는 날인하여야 합니다. 전자공탁시스템을 이용하여 신청하는 경우에는 날인 또는 서명은 인증서에 의한 전자서명 방식으로 합니다.
2. 전자공탁시스템을 이용하여 이루어진 공탁사건에 대한 공탁서 정정신청은 반드시 전자공탁시스템을 이용하여 하여야 합니다.
3. 정정할 사항의 기재례는 다음과 같습니다(예. 공탁서 기재 사항 중 ○○○란 "△△△"을 "□□□"로 정정)

[제6호 양식]

대공탁·부속공탁 청구서

원공탁 번호	년 증 제 호	년 월 일 신청	청구 종별	☐ 대 공 탁 ☐ 부속공탁
대공탁 번호	년 금 제 호	대공탁 금액		
부속공탁번호	년 금 제 호	부속공탁금액		

추 심 을 의뢰하는 목 적 물	공 탁 유 가 증 권				상환금·이자· 배당금의 구별, 기타 지급기일
	명 칭	장 수	총 액면금액	액면금 기호, 번호	

보 관 은 행	은행 지점
비고(첨부서류 등)	

위와 같이 청구합니다.　　　　　　　　　　　대리인 주소
　　　　　　　　　　　　　　　　　　　　　연락 가능한 전화번호

청구인　성명　　　　(서명 또는 날인)　　　성명　　　　　(서명 또는 날인)

위 청구를 수리합니다.

　　　　　　　　　　　　　　　년　　　　월　　　　일
　　　　　　　　　　　　　　법원　　　　지원 공탁관　　　　　　　(인)

(영수증)　위 공탁금을 납입하기 위하여 필요한 출급의뢰서 등 일체의 서류를 영수하였음을
　　　　　증명합니다.

　　　　　　　　　　　　　　　년　　　　월　　　　일
　　　　　　　　　　　　　　공탁금 보관은행　　　　　　　　　(인)

※ 서명 또는 날인을 하되, 대리인이 공탁할 때에는 대리인의 성명, 주소(자격자대리인은 사무소)를 기재하고
　 대리인이 서명 또는 날인하여야 합니다.

[제7호 양식]

대공탁·부속공탁을 위한 유가증권·이표 출급의뢰서

<table>
<tr><td colspan="4" align="center">공탁금 보관은행</td><td colspan="2" align="center">귀중</td></tr>
<tr><td>원공탁 번호</td><td>년 증 제　　　호</td><td>년　월　일
신청</td><td>청구 종별</td><td colspan="2">□ 대 공 탁
□ 부속공탁</td></tr>
<tr><td>대공탁 번호</td><td>년 금 제　　　호</td><td>대공탁 금액</td><td colspan="3"></td></tr>
<tr><td>부속공탁번호</td><td>년 금 제　　　호</td><td>부속공탁금액</td><td colspan="3"></td></tr>
<tr><td rowspan="6" align="center">출 급 을
의뢰하는
목 적 물</td><td colspan="4" align="center">공 탁 유 가 증 권</td><td align="center">상환금·이자·
배당금의 구별,
기타 지급기일</td></tr>
<tr><td align="center">명　칭</td><td align="center">장 수</td><td align="center">총 액면금액</td><td align="center">액면금 기호, 번호</td><td></td></tr>
<tr><td></td><td></td><td></td><td></td><td></td></tr>
<tr><td></td><td></td><td></td><td></td><td></td></tr>
<tr><td></td><td></td><td></td><td></td><td></td></tr>
<tr><td></td><td></td><td></td><td></td><td></td></tr>
<tr><td colspan="6">위 증권·이표의 출급을 의뢰하오니 추심하여 공탁금 계좌에 납입하여 주시기 바랍니다.
첨부서류 :

　　　　　　　　　　년　　　　월　　　　일
　　　　　　　법원　　　　지원 공탁관　　　　　　　　　　　(인)</td></tr>
</table>

※ 첨부서류 : 공탁유가증권이 기명식인 때에는 공탁유가증권 보관자 앞으로 작성한 상환금(이
　　자·배당금) 추심 위임장을 첨부함.

공탁금 출급·회수 청구서

※ 굵은 글씨 부분은 반드시 기재하시기 바랍니다.

<table>
<tr><td colspan="2">공 탁 번 호</td><td>년 금 제   호</td><td colspan="2">공 탁 금 액</td><td>한글
숫자</td></tr>
<tr><td rowspan="2">공
탁
자</td><td>성 명
(상호, 명칭)</td><td rowspan="2"></td><td rowspan="2">피
공
탁
자</td><td>성 명
(상호, 명칭)</td><td></td></tr>
<tr><td>주민등록번호
(법인등록번호)</td><td>주민등록번호
(법인등록번호)</td><td></td></tr>
<tr><td rowspan="3">청
구
내
역</td><td>청구금액</td><td rowspan="2">이자의 청구기간</td><td>이자 금액</td><td>합계금액</td><td>비 고</td></tr>
<tr><td>한글</td><td>(은행)</td><td>(은행)</td><td></td></tr>
<tr><td>숫자</td><td colspan="4">※ '이자 금액' 및 '합계금액' 란은 보관은행에서 기재함.</td></tr>
</table>

보 관 은 행	은행 법원 지점

<table>
<tr><td rowspan="2">청구 및
이의유보사유
※ 해당란에
☑하시거나
기타란에 간단
히 기재하시기
바랍니다.</td><td>출급청구시</td><td>회수청구시</td></tr>
<tr><td>※ 이의를 유보하고 공탁금을 출급하시겠습니까?
□ 예(이의를 유보하고 출급함, 아래 ※5. 참조)
□ 아니오(공탁을 수락하고 출급함, 아래 ※6. 참조)
□ 담보권 실행   □ 배당에 의함
□ 채권양수에 의함
□ 기타(   )</td><td>□ 민법 제489조에 의하여 회수
□ 착오공탁(착오증명서면 첨부 필요)
□ 공탁원인소멸(담보취소, 본압류 이
 전, 가압류취하·취소·해제 등)

□ 기타(   )</td></tr>
<tr><td>비고
(첨부서류 등)</td><td colspan="2">□ 공탁통지서   □ 공탁서   □ 신분증 사본   □ 위임장   □ 인감증명서
□ 주민등록등초본
□ 법인등기사항증명서   □ 채권압류추심명령 정본 및 송달증명
□ 채권압류전부명령 정본 및 확정증명
□ 동의서·승낙서·보증서   □ 채권양도 원인서면   □ 증명서
□ 착오증명서면   □ 담보취소결정 정본 및 확정증명   □ 가압류
취하해제증명 등
□ 기타 (   )</td></tr>
<tr><td>계좌입금</td><td colspan="2">□ 포괄계좌입금(금융기관 :   계좌번호 :   )
□ 계좌입금신청(금융기관 :   계좌번호 :   )
  :공탁금 계좌입금신청서 첨부</td></tr>
</table>

위와 같이 청구합니다.

년   월   일

청구인	대리인
주소 : 주민등록(사업자등록)번호 : 성명 :　　　　　　(서명 또는 날인) (연락 가능한 전화번호:　　　　　　)	주소 : 성명 :　　　　　(서명 또는 날인) (연락 가능한 전화번호:　　　　)
위 청구를 인가합니다. 　　　　　　　　　　　　년　　　　월　　　　일 　　　　　　　　법원　　　　지원 공탁관　　　　　　(인)	
위 공탁금과 공탁금 이자(공탁금 출급·회수청구서 1통)를 수령하였습니다. 　　　　　　　　년　　　　월　　　　일 　수령인(청구인 또는 대리인) 성명　　　　　　(성명 또는 날인)	

※ 1. 청구인의 인감증명서를 첨부하여야 합니다(인감을 날인하고 인감증명서를 첨부하여야 하는 경우, 이를 갈음하여 서명을 하고 본인서명사실확인서 또는 전자본인서명사실확인서 발급증을 제출할 수 있습니다). 다만, 1,000만원 이하의 공탁금을 본인이 직접 청구하는 때에는 인감증명서를 제출하지 않아도 되며(신분증을 확인) 날인 대신 서명할 수 있습니다.

2. 대리인이 청구하는 경우(1,000만원 이하인 경우 포함) 대리인의 성명, 주소(자격자대리인은 사무소)를 적고 날인(서명)하 여야 하며, 이 때에는 본인의 인감을 날인한 위임장과 그 인감증명서를 첨부하여야 합니다.

3. 공탁금이 5,000만원 이하인 사건에 대하여 전자공탁시스템을 이용하여 출급·회수 청구하는 경우에는 인감증명서를 첨부하지 아니하며, 서명은 인증서에 의한 전자서명 방식으로 합니다.

4. '계좌입금'란은 계좌입금을 신청하는 경우에만 기재합니다.

5. **공탁에 대하여 이의가 있는 경우에는 '예(이의를 유보하고 출급함)'에 ☑하고, 공탁금 출급 청구를 하여야 합니다. 이 경우에는 이후에 민사소송 등의 방법으로 권리를 주장할 수 있습니다.**

6. **'아니오(공탁을 수락하고 출급함)'에 ☑하고 출급하면, 공탁원인사실·공탁금액 등 공탁(통지)서에 기재된 내용을 인정하고 공탁금을 수령한 것으로 봅니다.**

공탁유가증권 출급·회수 청구서

공 탁 번 호		년 증 제			호	
공탁자	성 명 (상호, 명칭)		피공탁자	성 명 (상호, 명칭)		
	주민등록번호 (법인등록번호)			주민등록번호 (법인등록번호)		

청구내역	명 칭	장 수	총 액면금	액면금, 기호, 번호	비 고

보 관 은 행	은행 지점
청구 및 이의유보 사 유	
비고(첨부서류 등)	

위와 같이 청구합니다.

년   월   일

청구인 주소   대리인 주소

　　주민등록번호

　　(사업자등록번호)

　　성명　　　　　(서명 또는 날인)　　　　　성명　　　　　(서명 또는 날인)

위 청구를 인가합니다.

년   월   일

법원   지원 공탁관   (인)

위 유가증권과 그 이표(공탁유가증권출급·회수청구서 1통)를 수령하였습니다.

년   월   일

수령인(청구인 또는 대리인) 성명   (서명 또는 날인)

※ 1. 청구인의 인감증명서를 첨부하여야 합니다. 다만, 1,000만원 이하의 공탁유가증권을 본인이 직접 청구
      하는 때에는 인감증명서를 제출하지 않아도 되며(신분증을 확인) 날인 대신 서명할 수 있습니다.
   2. 대리인이 청구하는 경우(1,000만원 이하인 경우 포함) 대리인의 성명, 주소(자격자대리인은 사무소)를
      적고 날인(서명)하여야 하며, 이 때에는 본인의 인감을 날인한 위임장과 그 인감증명서를 첨부하여야
      합니다.
   3. 인감을 날인하고 인감증명서를 첨부하여야 하는 경우, 이를 갈음하여 서명을 하고 본인서명사실확인서
      또는 전자본인서명확인서 발급증을 제출할 수 있습니다.

[제8-3호 양식]

공탁물품 출급·회수 청구서

<table>
<tr><td>공 탁 번 호</td><td colspan="4">년 물제　　　　　　호</td></tr>
<tr><td rowspan="2">공
탁
자</td><td>성　명
(상호, 명칭)</td><td rowspan="2"></td><td rowspan="2">피
공
탁
자</td><td>성　명
(상호, 명칭)</td><td></td></tr>
<tr><td>주민등록번호
(법인등록번호)</td><td>주민등록번호
(법인등록번호)</td><td></td></tr>
<tr><td rowspan="4">청
구
내
역</td><td>명　칭</td><td colspan="2">종　류</td><td>수　량</td><td>비　고</td></tr>
<tr><td></td><td colspan="2"></td><td></td><td></td></tr>
<tr><td></td><td colspan="2"></td><td></td><td></td></tr>
<tr><td></td><td colspan="2"></td><td></td><td></td></tr>
<tr><td>청구 및 이의유보
사유</td><td colspan="5"></td></tr>
<tr><td>비고(첨부서류 등)</td><td colspan="5"></td></tr>
</table>

위와 같이 청구합니다.

　　　　　　　　　　　　　　　　년　　　　월　　　　일

청구인 주소　　　　　　　　　　　　　대리인 주소

　　주민등록번호
　　(사업자등록번호)

　　성명　　　　(서명 또는 날인)　　　　성명　　　　(서명 또는 날인)

위 청구를 인가합니다.

　　　　　　　　　　　　　　　　년　　　　월　　　　일

　　　　　　　　　　　법원　　　　지원 공탁관　　　　　　　　(인)

위 공탁물품(공탁물품 출급·회수청구서 1통)을 수령하였습니다.

년　　　월　　　일

수령인(청구인 또는 대리인) 성명　　　　　(서명 또는 날인)

※ 1. 본인이 직접 청구하는 경우 본인의 인감증명서와 인감도장, 신분증을 지참하여야 합니다.
　 2. 대리인이 청구하는 경우 대리인의 성명, 주소(자격자대리인은 사무소)를 적고 날인(서명)하여야 하며, 본인의 인감을 날인한 위임장과 그 인감증명서를 첨부하여야 합니다.
　 3. 인감을 날인하고 인감증명서를 첨부하여야 하는 경우, 이를 갈음하여 서명을 하고 본인서명사실확인서 또는 전자본인서명확인서 발급증을 제출할 수 있습니다.

[제9-1호 양식]

공탁금 계좌 입금 신청서

공탁번호		청구금액	
입금계좌 번호		은행	지점　계좌번호: 예 금 주:　신청인 본인

출급(회수)인		첨부서류	- 실명확인증표 사본 (사업자등록증, 주민등록증 등) - 대리 신청 시 위임장, 인감증명서
성명 (상호, 명칭)			
주민등록번호 (사업자등록번호)			

신청인이 수령할 위 공탁금을 신청인의 비용 부담으로 위 예금계좌에 입금하여 주시기 바랍니다.

년　　　월　　　일

신청인 주소
　　성명　　　　　(서명 또는 날인)
　　연락 가능한 전화번호

대리인 주소
　　주민등록번호
　　성명　　　　　(서명 또는 날인)
　　연락 가능한 전화번호

<table>
<tr><td colspan="2" align="center">법원　　　지원　공탁관　　　　　　　귀하</td></tr>
<tr><td colspan="2" align="center">고객정보 등록필: ○○은행 ○○지점　　　(인)</td></tr>
</table>

※ 인감을 날인하고 인감증명서를 첨부하여야 하는 경우, 이를 갈음하여 서명을 하고 본인서명사실확인서 또
　 는 전자본인서명확인서 발급증을 제출할 수 있습니다.

[제9-2호 양식]

공탁금 포괄계좌 입금 신청서

<table>
<tr><td colspan="4" align="right">공탁관확인</td></tr>
<tr><td>입 금 대 상
공 탁 금</td><td colspan="3">향후 신청인이 출급·회수청구자가 되는 귀 원의 공탁금 전부</td></tr>
<tr><td>입금계좌번호</td><td colspan="3">은행　　　지점　계좌번호:
예 금 주: 신청인 본인</td></tr>
<tr><td colspan="2" align="center">출급(회수)인</td><td rowspan="3">첨부서류</td><td>- 실명확인증표 사본
　(사업자등록증, 주민등록증 등)

- 대리 신청 시 위임장, 인감증명서</td></tr>
<tr><td>성명
(상호, 명칭)</td><td></td></tr>
<tr><td>주민등록번호
(사업자등록번호)</td><td></td></tr>
<tr><td colspan="4">향후 신청인이 출급·회수청구자가 되는 모든 공탁사건에 대하여 동일계좌 입금을 신청하오니, 수
령할 공탁금을 신청인의 비용부담으로 위 예금계좌에 입금하여 주시기 바랍니다.

　　　　　　　　　　　　　　　년　　　월　　　일

　　　신청인 주소
　　　　　　성명　　　　　　(서명 또는 날인)
　　　　　　연락 가능한 전화번호</td></tr>
</table>

대리인 주소	
주민등록번호	
성명　　　　　(서명 또는 날인)	
연락 가능한 전화번호	
법원　　　지원 공탁관　　　　　귀하	
고객정보 등록필: ○○은행 ○○지점　　　(인)	

※ 인감을 날인하고 인감증명서를 첨부하여야 하는 경우, 이를 갈음하여 서명을 하고 본인서명사실확인서 또
　는 전자본인서명확인서 발급증을 제출할 수 있습니다.

[제9-3호 양식]

공탁금 포괄계좌 해지 신청서

	공탁관확인

예금 계좌 은행	은행　　　　　　　　　지점
예금 계좌 번호	
예 금 주	

본인이 귀원에 신청한 위 계좌에 대한 공탁금 포괄계좌입금신청에 대하여 해지를 신청합니다.

　　　　　　　　　　　　　　　　년　　　　월　　　　일

　　　　　신청인 주소
　　　　　　　　성명　　　　　(서명 또는 날인)
　　　　　　　　연락 가능한 전화번호

　　　　　대리인 주소
　　　　　　　　생년월일
　　　　　　　　성명　　　　　(서명 또는 날인)
　　　　　　　　연락 가능한 전화번호

	법원	지원 공탁관	귀하

고객정보 등록필: ○○은행 ○○지점   (인)

※ 인감을 날인하고 인감증명서를 첨부하여야 하는 경우, 이를 갈음하여 서명을 하고 본인서명사실확인서 또는 전자본인서명확인서 발급증을 제출할 수 있습니다.

[제9-4호 양식]

공탁금 계좌 입금 신청서(원거리 신청용)

접수공탁법원		접수공탁법원 공탁금 보관은행	
관할공탁법원		관할공탁법원 공탁금 보관은행	
관할공탁법원 공탁사건번호		청구금액	

입금계좌번호	은행　　　지점　계좌번호: 예 금 주: 신청인 본인

출급(회수)인		첨부서류	- 실명확인증표 사본 　(사업자등록증, 주민등록증 등) - 대리 신청시 위임장, 인감증명서
성명 (상호, 명칭)			
주민등록번호 (사업자등록번호)			

신청인이 수령할 위 공탁금을 위 예금계좌에 입금하여 주시기 바랍니다.

　　　　　　　　　　　년　　　　월　　　　일

　　　　신청인 주소
　　　　　　성명　　　　　　(서명 또는 날인)
　　　　　　연락 가능한 전화번호
　　　　대리인 주소

주민등록번호

성명   (서명 또는 날인)

연락 가능한 전화번호

관할공탁법원: 법원   지원 공탁관 귀하

고객정보 등록필: ○○은행 ○○지점   (인)

※ 1. 본 신청서를 접수한 은행은 접수 후 지체 없이 과세정보를 관할공탁소 공탁금보관은행에 송부하시기 바랍니다.
   2. 인감을 날인하고 인감증명서를 첨부하여야 하는 경우, 이를 갈음하여 서명을 하고 본인서명사실확인서 또는 전자본인서명확인서 발급증을 제출할 수 있습니다.

[제9-5호 양식].,

전국공통 포괄계좌 입금 신청서(국가 · 지방자치단체용)

입금대상 공탁금	향후 신청인이 출급·회수청구자가 되는 공탁금 전부		
입금계좌번호	은행 지점 계좌번호 : 예 금 주 : 신청인 본인		
출 급 (회 수) 인		첨부서류	- 실명확인증표 사본 (사업자등록증 등) - 대리신청 시 위임장
명 칭			
사업자등록 번호			

향후 신청인이 출급·회수청구자가 되는 모든 공탁사건에 대하여 동일계좌 입금을 신청하오니, 공탁금 보관은행에서는 위 신청인의 과세정보가 각 보관은행에 공유되도록 처리한 후, 고객정보 등록필에 직인처리 하시기 바랍니다.

년   월   일

신청인 주소

성명   (서명 또는 날인)

연락 가능한 전화번호

대리인 주소

주민등록번호

성명   (서명 또는 날인)

연락 가능한 전화번호

법원   지원 공탁관   귀하

| 고객정보 등록필 : ○○은행 ○○지점   (인) |

공탁소의 각 보관은행 과세정보 등록 확인 :

확인 필 □   미등록으로 인한 재처리 요망 □

※ 1. 본 신청서를 접수한 은행은 접수 후 지체 없이 전국공통 포괄계좌 등록을 통해 과세정보를 모든 공탁
    금보관은행에 송부하시기 바랍니다.
  2. 각 보관은행 과세정보 등록 확인은 공탁소에서 과세정보 확인 후 체크하여야 하며, 전체 또는 일부 보
    관은행 과세정보 미등록시에는 '미등록으로 인한 재처리 요망'에 체크 후 다시 보관은행에서 재전송
    하도록 해야 합니다.

[제9-6호 양식]

전국공통 포괄계좌 해지 신청서(국가 · 지방자치단체용)

예금계좌은행	은행 지점
예금계좌번호	
예 금 주	신청인 본인

본인이 귀원에 신청한 위 계좌에 대한 전국공통 포괄계좌 입금 신청에 대하여 해지를 신청합니다.

년   월   일

신청인 주소
　　　명칭   (서명 또는 날인)
　　　연락 가능한 전화번호
　　　사업자등록번호
　　대리인 주소

생년월일

성명 　　　　　(서명 또는 날인)

연락 가능한 전화번호

　　　　법원　　　지원 공탁관　　　　　　　귀하

고객정보 등록필: ○○은행 ○○지점　　　　(인)

[제10호 양식]

보 　 증 　 서

공탁번호	년 금(증물) 제 　　　　호		
공탁금액			
공 탁 자	성　명 (상호, 명칭)		생년월일 (법인등록번호)	
	주　소 (본점, 주사무소)			
피공탁자	성　명 (상호, 명칭)		생년월일 (법인등록번호)	
	주　소 (본점, 주사무소)			

아래 연대보증인들은 위 공탁사건에 대하여 피공탁자(공탁자)가 공탁통지서(공탁서)를 첨부하지 않고 공탁금을 출급(회수)함으로 인하여 손해가 발생한 때에는 수령인과 연대하여 그 손해를 배상할 것을 보증합니다.

　　　　　　　　　　　년　　　　월　　　　일

수 령 인:		(서명 또는 날인)
연대보증인:		(서명 또는 날인)
생 년 월 일:		
주 소:		
연대보증인:		(서명 또는 날인)
생 년 월 일:		
주 소:		

※ 1. 첨부서류: 보증인의 재산증명서(부동산등기사항증명서 등), 신분증사본
  2. 출급·회수청구를 자격자대리인(변호사, 법무사 등)이 대리하는 경우 그 대리인이 보증을 할 수 있고, 이 때에는 재산증명서나 신분증사본은 첨부하지 않아도 됩니다.

지 급 위 탁 서

	법원 지원 공탁관		귀하
공 탁 번 호	년 금 제 호	공 탁 금 액	
공탁자 성 명 (상호, 명칭)			
주 소 (본점, 주사무소)			
수령인 성 명 (상호, 명칭)			
주 소 (본점, 주사무소)			
주민등록번호 (사업자등록번호)			
지 급 액			

지 급 내 역	
공탁금을 위와 같이 지급 의뢰합니다. 년 월 일 법원 지원 (인)	

<h1 align="center">증 명 서</h1>

공 탁 번 호		년 금 제 호	공 탁 금 액	
수령할 공탁금액				
수 령 인	성 명 (상호, 명칭)			
	주 소 (본점, 주사무소)			
	주민등록번호 (사업자등록번호)			

위 수령인이 위의 수령할 공탁금액에 대한 수령권자임을 증명합니다.

년   월   일

법원   지원   (인)

[제13호 양식]

공 탁 물 품 지 급 결 과 통 지 서

법원   지원 공탁관   귀하

공탁번호 :

공탁자 성명(상호, 명칭) :
　　　주소(본점, 주사무소) :

수령인(청구인 또는 대리인) 성명(상호, 명칭) :
　　　　　주소(본점, 주사무소) :
　　　　　생년월일(사업자등록번호) :

공탁물품 :

위 공탁물품을 위 수령인에게 지급하였기에 그 결과를 통지합니다.

년   월   일

공탁물보관자   (인)

[제14-1호 양식]

공탁금 이자 청구서

공탁번호	년 금 제 호	공탁금액	한글
			숫자

위 공탁금에 대한   년 월 일부터   년 월 일까지의 이자를 청구합니다.

년   월   일

<table>
<tr><td colspan="2" align="center">청 구 인</td><td colspan="2" align="center">대 리 인</td></tr>
<tr>
<td colspan="2">주소 :
주민등록번호 :
(사업자등록번호)
성명 :　　　　　　(서명 또는 날인)
(연락 가능한 전화번호:　　　　　　)</td>
<td colspan="2">주소 :

성명 :　　　　　　(서명 또는 날인)
(연락 가능한 전화번호:　　　　　　)</td>
</tr>
<tr>
<td colspan="4">위 청구를 인가합니다.

　　　　　　　　　　년　　　월　　　일

　　　　　　　법원　　　지원　공탁관　　　　　(인)</td>
</tr>
<tr>
<td colspan="4">위 공탁금이자(공탁금 이자청구서 1통)를 수령하였습니다.

　　　　　　　　　　년　　　월　　　일

　　　수령인(청구인 또는 대리인) 성명　　　　(서명 또는 날인)</td>
</tr>
</table>

※ 1. 대리인이 청구하는 경우에는 대리인의 성명, 주소(자격자대리인은 사무소)를 적고 서명 또는 날인하여야 하며, 본인의 인감을 날인한 위임장과 그 인감증명서를 첨부하여야 합니다.
  2. 공탁금이 5,000만원 이하인 사건에 대하여 전자공탁시스템을 이용하여 출급·회수 청구하는 경우에는 인감증명서를 첨부하지 아니하며, 서명은 인증서에 의한 전자서명 방식으로 합니다.
  3. 인감을 날인하고 인감증명서를 첨부하여야 하는 경우, 이를 갈음하여 서명을 하고 본인서명사실확인서 또는 전자본인서명확인서 발급증을 제출할 수 있습니다.

[제14-2호 양식]

공탁유가증권 이표 청구서

공탁번호	명 칭	장수	총 액면금	액면금 기호, 번호	청구이표	지급기일	장수

<table>
<tr><td></td><td></td><td></td><td></td><td></td><td></td><td></td></tr>
<tr><td></td><td></td><td></td><td></td><td></td><td></td><td></td></tr>
</table>

위와 같이 이표의 지급을 청구합니다.

년   월   일

청 구 인	대 리 인
주소 : 주민등록번호 : (사업자등록번호) 성명 :　　　　　(서명 또는 날인) (연락 가능한 전화번호:　　　　)	주소 : 성명 :　　　　　(서명 또는 날인) (연락 가능한 전화번호:　　　　)

위 청구를 인가합니다.

년   월   일

법원   지원 공탁관   (인)

공탁유가증권 이표   　　　장 (총액   　　　　　)
위 공탁유가증권 이표(공탁유가증권 이표청구서 1통)를 수령하였습니다.

년   월   일

수령인(청구인 또는 대리인) 성명   (서명 또는 날인)

※ 1. 청구인의 인감증명서를 첨부하여야 합니다. 다만, 이표의 총 액면금액이 1,000만원 이하인 경우 본인이 직접 청구하는 때에는 인감증명서를 제출하지 않아도 되며(신분증을 확인) 서명 또는 날인 할 수 있습니다.
　　2. 대리인이 청구하는 경우(1,000만원 이하인 경우 포함) 대리인의 성명, 주소(자격자대리인은 사무소)를 적고 서명 또는 날인하여야 하며, 이 때에는 본인의 인감을 날인한 위임장과 그 인감증명서를 첨부하여야 합니다.
　　3. 인감을 날인하고 인감증명서를 첨부하여야 하는 경우, 이를 갈음하여 서명을 하고 본인서명사실확인서 또는 전자본인서명확인서 발급증을 제출할 수 있습니다.

[제15호 양식]

사 유 신 고 서

<table>
<tr><td colspan="2"></td><td colspan="2">법원　　　　지원　　　　　　귀하</td></tr>
<tr><td colspan="2" rowspan="2">공 탁 번 호</td><td rowspan="2"></td><td>공 탁 금</td><td>한글</td></tr>
<tr><td>액</td><td>숫자</td></tr>
<tr><td rowspan="3">공
탁
자</td><td>성　명
(상호, 명칭)</td><td colspan="3"></td></tr>
<tr><td>주　소
(본점, 주사무소)</td><td colspan="3"></td></tr>
<tr><td>생년월일
(법인등록번호)</td><td colspan="3"></td></tr>
<tr><td rowspan="3">피
공
탁
자</td><td>성　명
(상호, 명칭)</td><td colspan="3"></td></tr>
<tr><td>주　소
(본점, 주사무소)</td><td colspan="3"></td></tr>
<tr><td>생년월일
(사업자등록번호)</td><td colspan="3"></td></tr>
</table>

위 공탁금의 회수(출급) 청구권에 대하여 아래와 같이 채권압류명령 등이 경합되었으므로 사유
신고 합니다.

- 아　래 -

1.

년　　　월　　　일

법원　　　　지원 공탁관　　　　　　(인)

※ 1. '아래'란에는 가압류·압류 사건번호와 법원, 채권자 및 채무자의 성명과 주소, 청구금액 및 압류명령서
　　　등의 송달 연월일 등을 기재합니다.
　 2. 공탁당사자가 국가 또는 지방자치단체인 경우에는 법인등록번호란에 '고유번호'를 기재하시기 바랍니다.

[제16-1호 양식]

공탁기록 열람·복사 신청서

<table>
<tr><td rowspan="5">신 청 인</td><td>성　명</td><td colspan="3"></td></tr>
<tr><td>자　격</td><td colspan="3"></td></tr>
<tr><td>주　소</td><td colspan="3"></td></tr>
<tr><td>생년월일</td><td colspan="3"></td></tr>
<tr><td>전화번호</td><td colspan="3"></td></tr>
<tr><td>신청구분</td><td colspan="4">□ 열람　　　　　　　　□ 복사</td></tr>
<tr><td rowspan="3">대상기록</td><td>법　원</td><td colspan="3"></td></tr>
<tr><td>공탁사건번호</td><td></td><td>공탁금액</td><td></td></tr>
<tr><td>공　탁　자</td><td></td><td>피공탁자</td><td></td></tr>
<tr><td>복사할 부분</td><td colspan="4">(복사매수　　매)</td></tr>
<tr><td>복사비용</td><td>원
(　　매×50원)</td><td colspan="3">(수입인지 첨부란)</td></tr>
<tr><td>비　　고</td><td colspan="4"></td></tr>
<tr><td>영수일자</td><td>년　월　일</td><td>영수인</td><td colspan="2">(서명 또는 날인)</td></tr>
<tr><td colspan="5">년　　월　　일

위 신청인　　　　　　　　(서명 또는 날인)</td></tr>
</table>

※ 1. 공탁당사자 및 이해관계인이 신청할 수 있습니다.
　 2. 위임에 따른 대리인이 신청하는 경우에는 대리인의 권한을 증명하는 서면에 인감도장을 찍고 인감증명
　　　서를 첨부하여야 합니다(단, 공탁규칙 제59조 제3항의 경우에는 적용하지 아니함)

3. 인감을 날인하고 인감증명서를 첨부하여야 하는 경우, 이를 갈음하여 서명을 하고 본인서명사실확인서 또는 전자본인서명확인서 발급증을 제출할 수 있습니다.

4. 공탁관계 서류에 관한 등초본이나 인증된 사본을 청구할 수 없습니다. 다만, 열람청구의 연장으로 공탁관의 인증이 없는 사본은 청구할 수 있습니다.

[제16-2호 양식]

사 실 증 명 신 청 서

<table>
<tr><td rowspan="5">신 청 인</td><td>성 명</td><td colspan="3"></td></tr>
<tr><td>자 격</td><td colspan="3"></td></tr>
<tr><td>주 소</td><td colspan="3"></td></tr>
<tr><td>주민등록번호</td><td colspan="3"></td></tr>
<tr><td>전화번호</td><td colspan="3"></td></tr>
<tr><td rowspan="3">증명대상서류</td><td>법 원</td><td colspan="3"></td></tr>
<tr><td>공탁사건번호</td><td></td><td>공탁금액</td><td></td></tr>
<tr><td>공 탁 자</td><td></td><td>피공탁자</td><td></td></tr>
<tr><td>증명의 목적</td><td colspan="4"></td></tr>
<tr><td>증명을 받고자
하는 내용</td><td colspan="4"></td></tr>
<tr><td></td><td colspan="4">년　　　월　　　일

위 신청인　　　　　　　　　　(서명 또는 날인)</td></tr>
<tr><td colspan="5">위의 사실을 증명합니다.

　　　　　　　　　　　　　　년　　　월　　　일

법원　　　　지원 공탁관　　　　　　　　(인)</td></tr>
</table>

※ 1. 공탁당사자 및 이해관계인이 신청할 수 있으며, 증명받고자 하는 수에 1통을 더한 신청서를 제출하여
　　야 합니다.
　2. 위임에 따른 대리인이 신청하는 경우에는 대리인의 권한을 증명하는 서면에 인감도장을 찍고 인감증명
　　서를 첨부하여야 합니다(단, 공탁규칙 제59조 제3항의 경우에는 적용하지 아니함)
　3. 인감을 날인하고 인감증명서를 첨부하여야 하는 경우, 이를 갈음하여 서명을 하고 본인서명사실확인서
　　또는 전자본인서명확인서 발급증을 제출할 수 있습니다.

[제17호 양식]

이 의 신 청 서

<table>
<tr><td rowspan="3">신
청
인</td><td>성 명
(상호, 명칭)</td><td></td></tr>
<tr><td>주 소
(본점, 주사무소)</td><td></td></tr>
<tr><td>생년월일
(법인등록번호)</td><td></td></tr>
<tr><td rowspan="2">피
신
청
인</td><td>성 명</td><td>대한민국 법률상 대표자 법무부장관 ○ ○ ○
(소관 : ○○지방법원 ○○지원 공탁관)</td></tr>
<tr><td>주 소</td><td></td></tr>
</table>

신 청 취 지

1. 신청인이　　년　월　일 피신청인에게 한 동원　　년 금 제　　호 공탁 신청(공탁
　금 출급·회수 청구)에 대하여 피신청인이　　년　월　일 행한 불수리결정을 취소한다.
2. 피신청인은 신청인의 공탁 신청(공탁금 출급·회수청구)을 수리(인가)하라
라는 재판을 구합니다.

신 청 이 유

첨 부 서 류

년　　　　월　　　　일

위 신청인　　　　　　　　　　　　(서명 또는 날인)

[제18호 양식]

동의서(승낙서)

공탁번호		년 금(증, 물) 제 호
공탁금액		
동의자	성 명 (상호, 명칭)	
	주민등록번호 (법인등록번호)	
	주 소 (본점, 주사무소)	
상대방 (동의받 는 자)	성 명 (상호, 명칭)	
	주민등록번호 (법인등록번호)	
	주 소 (본점, 주사무소)	
첨부서류		1. 동의자의 인감증명서 1부 2.

위 상대방(동의받는 자)에게 이 사건 공탁금을 지급하는 것에 대하여 동의합니다.

년   월   일

동의하는 자 성명(상호 등)   (인감)

지방법원   지원 공탁관 귀하

※ 동의자의 인감증명서를 첨부하여야 합니다(인감을 날인하고 인감증명서를 첨부하여야 하는 경우, 이를 갈음하여 서명을 하고 본인서명사실확인서 또는 전자본인서명확인서 발급증을 제출할 수 있습니다).

[제19호 양식]

보 정 권 고

공탁사건번호			구분	□ 공탁신청 □ 출급·회수청구 □ 기타
공탁자	성명 (상호, 명칭)			
	주민등록번호 (법인등록번호)			
	주소 (본점, 주사무소)			
피공탁자	성명 (상호, 명칭)			
	주민등록번호 (법인등록번호)			
	주소 (본점, 주사무소)			

신청인은 아래 사항을   년   월   일까지 보완하시기 바랍니다.

보 완 할   사 항

년   월   일

지방법원   지원   공탁관   (인)

※ 1. 공탁관이 지정한 기한 내에 보정하지 아니한 경우에는 신청이 불수리될 수 있습니다.
　 2. 전자공탁시스템을 이용하여 한 신청의 경우에는 그 보정도 전자공탁시스템을 이용하여 하는 것이 불가능
　 한 경우(예 : 인감증명서 제출) 등 특별한 사정이 없는 한 전자공탁시스템을 이용하여 보정하여야 합니다.

[제20호 양식]

신 분 확 인 서

<table>
<tr>
<td rowspan="2">공
탁
사
건</td>
<td>공탁 사건번호</td>
<td></td>
<td>공탁금액</td>
<td></td>
</tr>
<tr>
<td>공 탁 자</td>
<td></td>
<td>피공탁자</td>
<td></td>
</tr>
<tr>
<td rowspan="3">신
청
사
항</td>
<td>신청인 성명</td>
<td></td>
<td>신청인
주민등록번호</td>
<td>(-   )</td>
</tr>
<tr>
<td colspan="4" align="center">신분확인 사유</td>
</tr>
<tr>
<td colspan="4">□ 1,000만 원 이하의 공탁금 지급청구
□ 장기미제 공탁사건 공탁금 지급청구
□ 본인의 공탁통지서 교부청구
□ 대리인의 공탁통지서 교부청구
□ 기타(   )</td>
</tr>
<tr>
<td>비고(식별정보 등)</td>
<td colspan="4">운전면허번호:
식별번호:
발급일자(발급기관):   년   월   일(   )</td>
</tr>
<tr>
<td colspan="5">신분증명서가 이동통신단말장치에 암호화된 형태로 설치되는 등 사본화가 적합하지 않은 경우 (주민등록법 제24조의2 모바일 주민등록증, 도로교통법 제85조의2 모바일 운전면허증 등)에 해당하므로 신분증 사본에 갈음하여 이 신분확인서를 작성합니다.

                               년   월   일

                     법원   지원 공탁관   (인)</td>
</tr>
</table>

※ 신분증명서의 진위 확인을 위하여 반드시 아래의 정보를 기재하여야 합니다.
   1. 모바일 운전면허증의 경우 운전면허번호(예:11-23-012345-67), 식별번호(예: 1234AB)
   2. 모바일 주민등록증의 경우 발급일자, 발급기관

■ 편 저 대한법률콘텐츠연구회 ■

(연구회 발행도서)

· 지급명령 이의신청서 답변서 작성방법
· 새로운 고소장 작성방법 고소하는 방법
· 민사소송 준비서면 작성방법
· 형사사건 탄원서 작성 방법
· 형사사건 양형자료 반성문 작성방법
· 공소장 공소사실 의견서 작성방법
· 불기소처분 고등법원 재정신청서 작성방법
· 불 송치 결정 이의신청서 재수사요청

금전공탁서(변제·재판상 보증·형사사건용 등)실무지침서
처음부터 끝까지 공탁서 작성하는 법

2026년 02월 20일 인쇄
2026년 02월 25일 발행

편 저 대한법률콘텐츠연구회
발행인 김현호
발행처 법문북스
공급처 법률미디어

주소 서울 구로구 경인로 54길4(구로동 636-62)
전화 02)2636-2911, 팩스 02)2636-3012
홈페이지 www.lawb.co.kr

등록일자 1979년 8월 27일
등록번호 제5-22호

ISBN 979-11-94820-51-2(13360)

정가 28,000원

❙ 역자와의 협약으로 인지는 생략합니다.
❙ 파본은 교환해 드립니다.
❙ 이 책의 내용을 무단으로 전재 또는 복제할 경우 저작권법 제136조에 의해 5년 이하의 징역 또는
  5,000만원 이하의 벌금에 처하거나 이를 병과할 수 있습니다.

이 도서의 국립중앙도서관 출판예정도서목록(CIP)은 서지정보유통지원시스템 홈페이지(http://seoji.nl.go.kr)와 국가
자료종합목록 구축시스템(http://kolis-net.nl.go.kr)에서 이용하실 수 있습니다.

홈페이지 www.lawb.co.kr
페이스북 www.facebook.com/bummun3011
인스타그램 www.instagram.com/bummun3011
네이버 블로그 blog.naver.com/bubmunk

법률서적 명리학서적 외국어서적 서예·한방서적 등
최고의 인터넷 서점으로
각종 명품서적만을 제공합니다

각종 명품서적과 신간서적도 보시고

법률·한방·서예 등 정보도

얻으실 수 있는

핵심법률서적 종합 사이트
www.lawb.co.kr
(모든 신간서적 특별공급)

facebook.com/bummun3011
instagram.com/bummun3011
blog.naver.com/bubmunk

대표전화 (02) 2636 – 2911